跨境电商物流服务与管理研究

马 歆 著

中国原子能出版社

第一章　跨境电商物流概述

第一节　跨境电商物流的概念、类型与特征

一、跨境电商物流的概念

跨境电商即跨境贸易电子商务，特指跨境网络批发和零售，如外贸小额批发 B2B 及跨境的 B2C 电子商务类。跨境电商指交易主体分属于不同关境，包含进口交易与出口交易，买家卖家双方借助互联网达成交易、进行支付结算、报关通关，并采用快件、包裹和货柜等方式，借助国际物流将商品送达到买家手中的交易过程。

跨境电商物流是为了达成在不同关境内的贸易主体通过电子商务平台来进行交易，达成货物采购、包装、报关、清关、跨境运输、海外仓储等物流活动。物流在跨境电商交易中是非常重要的中间环节。

二、跨境电商物流的类型

（一）邮政小包

邮政小包是以个人邮包的形式来发送，主要通过万国邮政联盟（UPU）邮寄包裹。万国邮政联盟邮寄包裹的优势是成员之间的低成本结算，使得邮政小包具有很强的价格竞争优势。邮寄物流成本非常低廉，一般按克计算收费，2 000 克以内的包裹主要以函件的价格结算，极大提高了跨境电商商品整体价格的优势。由于万国邮政联盟成员之间的海关清关便捷，使得邮政包裹的清关能力比其他商业快递清关能力更强，但是产生关税或者退回的比例相对要

小。万国邮政联盟成员之间强大的网络覆盖也使得邮政包裹送无不达，目前万国邮政联盟邮政网络覆盖全球 220 个国家或地区，邮政网络覆盖面比其他任何国际物流渠道的覆盖面都要广。邮政小包即主要通过万国邮政联盟邮寄包裹本身所具有的价格便宜、清关方便、覆盖面广等特点，使其成为跨境电商的主要物流配送模式之一。

（二）商业快递

国际商业快递由 UPS、FedEx、DHL 和 TNT 四个实力强大的跨国快递公司占主流，它们是当之无愧的国际商业快递四巨头。商业快递的优势主要有高效安全，专业服务可靠，清关能力较强，能够全程跟踪并提供即时信息服务和门到门服务。同时商业快递的缺点主要有清关产品受限即一些仿牌、含电等特殊类的商品基本不能走快递渠道，商业快递价格昂贵，国际商业快递时效强，速度快，准时准点，基本在 7~25 天到达。可供海外消费者选择的快递公司少，因此商业快递在跨境电商物流中只占据较小一部分市场份额。

（三）空派专线物流

空派专线物流主要是由跨境电商平台海外专线和第三方物流企业海外专线构成，大多设置了商品出口仓库，在仓库中完成物品的整理、拣货、分配和包装，采取航空集中托运方式，根据货物流向，统一订购飞机舱位，统一分拣、统一发货，在目的国/地区使用快递系统投递货物的方式。空派专线物流时效强，速度快，准时准点，基本在 7~15 天到达，但是对商品属性和体积分类严格，物流价格相对昂贵。空派专线物流主要依托于发件国/地区与收件国/地区的业务量规模，在此前提下，业内使用最普遍的专线物流包括美加专线、西班牙专线、澳大利亚专线、俄罗斯专线、中东专线、南美专线、南非专线等。

（四）海派专线物流

海派专线物流主要是由国际物流公司海外专线和第三方物流企业海外专线构成，大多设置了商品出口仓库，在仓库中完成物品的整理、拣货、分配和包装，采取海运拼箱或货柜整体托运方式，根据货物流向，统一订购轮船

舱位，统一分拣、统一发货，在目的国/地区使用快递系统投递货物的方式。专线物流主要依托于发件国/地区与收件国/地区的业务量规模，在此前提下，业内使用最普遍的专线物流包括美加专线、澳大利亚专线、俄罗斯专线、中东专线、南美专线、南非专线等。

（五）海外仓

海外仓即海外建仓，是指在境外目的国独立或合作建设、租赁仓库，货物就近存贮，买家通过线上订购，商家线下就近从当地仓库发货，通过自营和外包两种形式进行经营管理，满足电商企业的实际需求。海外仓的电商货物是在买家下订单之前就已经运往海外仓库的，优点是可以避开货物运输的高峰时间，选择成本较低的运输方式，节约了物流成本，而在为买家配送的过程中，快速安全的物流也能够获取买家的满意，从而提升跨境电商企业的竞争力。相对于传统国际物流配送时间长、配送成本高、包裹安全缺陷、商品退换难、海关障碍多等问题，海外仓在很大程度上能够解决上述问题，成为强势发展的物流模式。但海外仓对于卖家也有更高的要求，商品的畅销程度、产品周转周期、产品售后等都需要考虑，爆仓也是海外仓的潜在风险。

（六）其他物流渠道

其他代表性的物流渠道还有电商平台自营物流和仓储集货服务。如亚马逊将自身平台开放给平台上的卖家，将其库存纳入自身全球物流网络，为其提供包括仓储、拣货、打包、配送、收款、客服与退货处理的一条龙式物流服务，从中收取服务费用。仓储集货服务类似邮局的信件处理方式，集腋成裘，当到达同一城市或地区的订单积累到一定量后再集中装运发货，到达目的地分发中心后再各自派送。

每种物流渠道各有利弊，优劣各不相同。邮政小包费用低、手续简便、网络覆盖广、清关能力强，但是速度最慢、风险最高。商业快递的优势和劣势都很明显，速度快、作业规范、物流跟踪能力强，但价格高昂。空派专线物流和海派专线物流经济实惠，价格向邮政小包看齐，速度时效与商业快递相差不大，全程有信息跟踪服务，性价比非常高。海外仓离终端市场最近，交货速度最快，风险最低，费用也较低，能够给市场提供非常丰富的产品，

给客户提供最好的售后服务和最佳的购物体验，但目的国/地区的仓储运营成本高、初期投资大。

三、跨境电商物流的特征

随着跨境电商的高速发展，适应跨境电商需求的各种类型的跨境电商物流服务也衍生出来。根据物流功能的不同，我们可以把跨境电商物流划分为很多类型，其中邮政小包、商业快递、专线物流、海外仓是跨境电商企业选择的主要物流类型。区别于传统物流，跨境电商物流强调以下特征。

（一）物流速度反应快速化

跨境电商要求供应链上下游对物流配送需求的反应速度要非常迅速，这样才能提高物流企业的物流效率。因此缩短整个跨境电商物流前置时间和配送时间，可以更好地满足客户的需求，刺激需求的增长。

（二）物流作业的规范化

跨境电商物流强调作业流程的标准化，包括物流订单处理模板的选择、物流渠道管理标准制定等操作，使复杂的物流作业流程变得简单、可量化、可考核。

（三）物流功能的集成化

跨境电商将物流与供应链的各个环节进行集成，包括物流渠道与产品渠道的集成、各种类型的物流渠道之间的集成、物流环节与物流功能的集成等。

（四）物流信息的电子化

跨境电商物流强调订单处理、信息处理的系统化和电子化，用企业资源计划（ERP）信息系统功能完成标准化的物流订单处理和物流仓储管理，具体表现在自动化仓储、自动分拣和包装、自动配货、自动送货等各个环节。通过 ERP 信息系统对物流渠道的成本、时效、安全性进行关键绩效指标考核，从而有效控制物流仓储管理过程中的库存积压、产品延迟到货、物流配送不

及时等情况，帮助企业通过提高服务质量和灵活性，在物流市场中提升企业竞争力。

第二节　跨境电商物流运作流程

跨境电商物流的本质是商品从卖家流向买家，借助各种运输方式，实现了商品的跨境空间位移，也包括最后一个环节，即配送。跨境电商物流是跨境电子商务生态系统的一个重要环节，也是跨境电子商务交易实现的重要保障。不同的跨境电商模式又产生了不同的跨境电商物流运作流程。从整体上看，跨境电商物流的运作流程表现为当卖家接到订单后，安排相应的物流企业，进行输出地海关与商检、国际货运、输入地海关与商检等活动，随后进入输入地物流，直到商品配送到买家手中。

无论是跨境出口电商业务，还是跨境进口电商业务，按照商品流动方向看，都会涉及输出、国际运输与输入环节。因此，跨境电商物流运作流程又细分为输出地物流运作流程、国际段物流运作流程和输入地物流运作流程，各物流环节都具有各自的运作流程与核心节点。

一、输出地物流运作流程

根据跨境商品流动方向，首先涉及输出地物流环节，主要从供应商到跨境电商企业再到海关组织，如图1-1所示。其中，关键节点表现为供应商的仓储环节，商品从供应商到跨境电商企业的物流运输环节，跨境电商企业所属的仓储与分拣环节，商品从跨境电商企业到海关分拣中心的物流运输环节，商品在海关的报关与报检环节，以及商品在海关分拣中心的分拣环节等。跨境电商物流与国内电商物流最大的区别在于跨境，成交商品需要通过海关进出境，商品进出境的方式决定了跨境物流的运作方式和复杂程度。

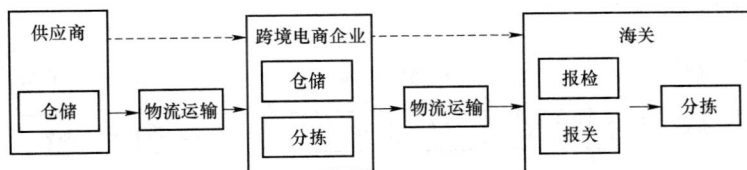

图 1-1　输出地物流运作流程

二、国际段物流运作流程

商品完成输出地物流运作环节后，会通过海路、陆路或机场口岸出境，然后进入国际段物流运作环节。目前国际物流模式主要有邮政包裹模式、国际快递模式、国内快递模式、专线物流模式和海外仓储模式。当商品通过国际运输抵达输入地海关时，检验检疫部门和海关实施开箱、查验，以便商品能够通过输入地海关，如图1-2所示。

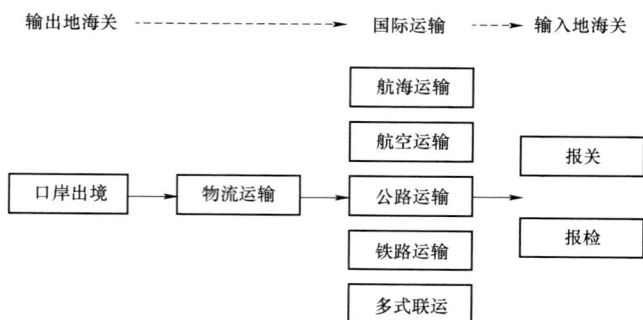

图 1-2　国际段物流运作流程

三、输入地物流运作流程

商品通过输入地海关后，会在海关分拣中心先进行商品分拣，再运到仓储中心存放。这个时候，每天都会有专人根据消费者的所在地进行筛选，将符合要求的物品放入箱子中，等待出口。与国内电商物流运作流程相似，跨境电商物流也有配送环节，比如专业的物流公司、大型的物流公司，以及一些电商的物流系统。这些物流运作均在消费者所在国境内实现并完成，到达目的地国再进行配送，再由国内快递送到消费者手中，这样才能更好地实现国际物流的一体化。相对于跨境电商企业所在国而言，该部分也称为输入地物流，如图1-3所示。

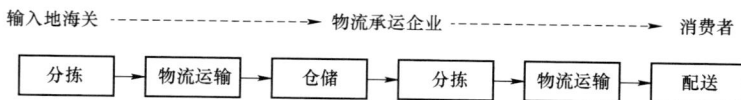

图 1-3　输入地物流运作流程

第三节　跨境电商物流核心节点

从纵向角度上来说，跨境电商物流是一条完整的供应链，涉及物品的采购、入库、仓储保管、包装运输，到物品的配送、中转等环节，中间还有支付、报关、商检、售后物流等，形成了相当完整的跨境物流网络体系；从横向发展上来说，跨境电商物流包括卖家所在地的物流、出境海关和商检、国际物流、入境海关和商检、买家所在地的物流、配送等环节。

一、集货

集货是运输和配送的基础工作。一般而言，企业将分散的、小批量的这些不容易进行批量运输的货物集中在集货中心进行统一处理，从而形成批量运输的起点，进而实现大批量、高效率、低成本、高速度的快递运作。

二、仓储

狭义的仓储可以称为静态仓储，是指仓库等相关场所实现各种物品的存储和保管。从广义上讲，仓储不仅具有货物存储和保管的基本功能，而且还包括分拣、装卸、流通、加工等各种增值服务，是一个动态的仓储过程。

仓储不仅能满足托运人继续运输的需要，而且还能为托运人在生产、交换、流通、消费等物流环节上提供便利。高质量、高效率的仓储对于保证跨境电子商务物流的质量和效率具有重要作用。

三、分拣

分拣是将物品按品种、出入库先后顺序进行分门别类地堆放的作业。分拣是完善送货、支持送货的准备性工作，是不同配送企业在送货时提高自身经济效益的必然延伸，有配送分拣和寄递分拣两种形式。

（一）配送分拣

配送分拣是指物流配送中心依据顾客的订单要求或配送计划，迅速、准确地将商品从其贮位或其他区位拣取出来，并按一定的方式进行分类、集中

的作业过程。配送分拣通常有订单别拣取、批量拣取及复合拣取三种方式。

（1）订单别拣取。订单别拣取是一种根据订单中列出的货物和数量从存储区域或分类区域挑选货物，然后将它们集中在一起的方法。其特点是操作方法简单，接单可以立即提货，操作前时间短，操作人员责任明确，但当货物多时，提货路径较长，提货效率较低。

（2）批量拣取。批量拣取是将多个订单集中到一个批量中，然后根据货物的种类对货物进行拣选，再根据不同的客户或不同的订单对货物进行分类的一种拣选方法。其特点是缩短了提货的步行时间，增加了单位时间内的提货量，但只有当订单累积到一定数量时才进行一次性处理，存在停滞时间。

（3）复合拣取。复合拣取克服了订单别拣取和批量拣取方式的缺点，即根据订单的品种、数量及出库频率，确定哪些订单适用于订单别拣取，哪些订单适用于批量拣取，分别采取不同的拣货方式。

（二）寄递分拣

邮件分拣是邮政企业与快递企业之间邮件（快件）内部流程中的一个重要环节，即由分拣人员根据企业内部自行安排的分拣路线（即路向），一件一件地写在邮件（快件）封面上，逐件分入相关格口或码堆。

四、通关

海关清关是指进出境货物进口、出口和转运所需办理的海关手续。只有经过报关、检验、收税、放行等手续，货物才能放行，放行叫清关。同样，所有运载进出口货物或过境货物的运输工具都必须向海关申报，办理海关手续，并获得海关许可。清关期间，进口、出口、转运的货物均受海关管制，不得自由流通。

跨境电子商务通关流程主要分为两类：传统的邮政货物和快递通关流程、基于海关网络平台的通关流程，目前，我国跨境电子商务呈现出多边化、小批量、高频率和数字化的特点。B2C、B2B2C 乃至 C2C 模式在我国跨境电子商务中的比重逐渐增加并发展成为主流。在这种背景下，基于海关联网平台的通关流程逐渐成为当前的主流流程。通关过程可分为两个阶段：第一阶段是报关前阶段，第二阶段是正式报关阶段。

随着跨境电子商务的发展，出现了一些功能更加多样化的综合服务平台，如信息采集、数据交换和通关，第三方综合服务平台的功能不再仅限于信息收集、数据交换、通关服务等，部分物流企业已经开始承接海外、国内物流，还兼具报关、报检、纳税等功能。

五、国际运输

国际运输指用一种或多种运输工具，把货物从一个国家/地区的某一地点运到另一个国家/地区的某一地点的运输。国际运输的方式很多，包括国际陆路（公路、铁路）运输、国际海洋运输、国际航空运输或是多式联运等。

（一）国际公路运输

国际公路运输是主要使用汽车，也使用其他车辆（如畜力车）在公路上进行国际货物运输的一种运输方式。公路运输主要承担近距离、小批量的货运，水路、铁路运输难以到达地区的长途、大批量货运，以及水路、铁路运输优势难以发挥的短途运输。由于公路运输有很强的灵活性，近年来，在有铁路、水路运输的地区，较长距离的大批量运输也开始使用公路运输。公路运输的主要优点是灵活性强，公路建设期短，投资较低，易于因地制宜，对收到站的设施要求不高。它可以采取门到门的运输形式，即从发货者门口直到收货者门口，而不需转运或反复装卸搬运。公路运输也可作为其他运输方式的衔接手段。

在跨境电商活动中，国际公路运输主要在陆路相接的国家之间使用。例如，龙瑞高速公路已成为中缅两国之间的跨境电商物流运输的主要通道。

（二）国际铁路运输

国际铁路运输是使用国际铁路运输专列运送国际货物的一种运输方式。铁路运输主要承担长距离、大批量的货运。在没有水运条件的地区，几乎所有大批量货物都是依靠铁路运输的，它是干线运输中的主力运输形式。

在国际货物运输中，铁路运输是仅次于海洋运输的主要运输方式。海洋运输的进出口货物，也大多是靠铁路运输进行货物的集中和分散的。铁路运输有许多优点，一般不受气候条件的影响，可保障全年正常运输，而且运量

较大，速度较快，有高度的连续性，运转过程中发生风险的可能性也较小。铁路运输手续的办理过程比海洋运输简单，而且铁路运输的发货人和收货人可以在就近的始发站（装运站）和目的站办理托运和提货手续。它的主要缺点是灵活性差，只能在固定线路上实现运输，需要其他运输手段的配合和衔接。

（三）国际海洋运输

国际海洋运输属于水路运输的一种，是使用船舶运送货物的一种运输方式，是在国际货物运输中运用最广泛的运输方式。目前，海运量在国际货物运输总量中占 80% 以上。

1. 优势

海洋运输之所以被如此广泛采用，是因为与其他国际货物运输方式相比，主要有下列明显的优势。

（1）运输量大。国际货物运输是在全世界范围内进行的商品交换，地理位置和地理条件决定了海洋货物运输是国际货物运输的主要手段。因为船舶向大型化发展，使其载运能力远远大于火车、汽车和飞机，成为运输能力最大的运输工具。

（2）通过能力大。海洋运输利用天然航道四通八达的优势，不像火车、汽车要受轨道和道路的限制，因而其通过能力要优于其他运输方式。如果因政治、经济、军事等条件的变化，还可随时改变航线驶往有利于装卸的目的港。

（3）运费低。船舶的航道多为天然构成，加上船舶运量大、港口设备一般均为政府修建、船舶经久耐用且节省燃料等特点，使得货物的单位运输成本相对低廉。

（4）对货物的适应性强。海洋运输基本上适应绝大多数货物的运输，如石油井台、火车、机车车辆等超重大货物，其他运输方式无法装运的，船舶一般都可以装运。

2. 劣势

在跨境电商物流运输中，海洋运输也有其劣势。

（1）运输的速度慢。由于船舶体积大、水流阻力大，加之装卸时间长等各种因素的影响，其货物的运输速度比其他运输方式慢，较快的班轮航行速

度也仅为 48 千米/时左右。

（2）风险较大。船舶在海上航行时受自然气候和季节的影响较大，海洋环境复杂，气象多变，随时都有遇上狂风、巨浪、暴风、雷电、海啸等人力难以抗衡的海洋自然灾害袭击的可能，遇险的可能性比陆地、沿海要大。同时，海洋运输还存在着社会风险，如战争、罢工、贸易禁运等。为减少损失，企业应为海洋运输的货物、船舶购买保险。

（四）国际航空运输

国际航空运输是使用飞机或其他航空器进行国际货物运输的一种运输方式。航空运输的单位成本很高，因此，适合该方式运载的货物主要有两类：一类是价值高、运费承担能力很强的货物，如贵重设备的零部件、高档产品等；另一类是紧急需要的物资，如救灾抢险物资、易贬值或时效性较高的物资，如商业文件、手机、计算机和疫苗等。

航空运输的主要优点是速度快，不受地形的限制。在火车、汽车都无法到达的国家/地区也可依靠航空运输，因而有其重要意义。在 B2C 跨境电商物流运输中，航空运输是非常重要且常用的一种运输方式。

（五）管道运输

管道运输是利用管道输送气体、液体和粉状固体的一种运输方式。其运输形式是靠物体在管道内顺着压力方向循序移动来实现的。和其他运输方式的重要区别在于，管道设备是静止不动的。

管道运输的主要优点是，由于采用密封设备，在运输过程中可避免物体散失、丢失等，也不存在其他运输设备本身在运输过程中消耗动力所形成的无效运输问题。另外，管道运输的运输量大，适合于大且连续不断运送的物资。

由于管道运输的物资多为石油等特殊物资，故在跨境电商物流运输中，它不属于主要运输方式，本章不再详细论述。

（六）集装箱运输和国际多式联运

1. 集装箱运输

集装箱运输是以集装箱作为运输单位进行货物运输的一种现代化的先进

运输方式，它适用于海洋运输、铁路运输及国际多式联运等。

2. 国际多式联运

国际多式联运是在集装箱运输的基础上产生和发展起来的一种综合性的连贯运输方式，一般以集装箱为媒介，把海、陆、空各种传统的单一运输方式有机地结合起来，组成一种国际的连贯运输。

目前国际上采用的多式联运有下列几种。

（1）公铁联运。公铁联运是指由公路运输与铁路运输组成的一种新的联合运输方式。最著名的和使用最广泛的多式联运系统是将卡车拖车或集装箱装在铁路平板车上的公铁联运或驮背式运输。由铁路完成城市间的长途运输，余下的城市间的运输由卡车来完成，这种运输方式非常适合城市间物品的配送。若配送中心或供应商在另一个比较远的城市，可以采用这种运输方式，实现无中间环节的一次运输作业完成运输任务。

（2）陆海联运。陆海联运是指由陆路运输与海洋运输一起组成的一种新的联合运输方式。这也是我国近年来采用的运输新方式。它先由内陆起运地把货物用火车装运至海港，然后由海港代理机构联系第二程的船舶，将货物转运到目的国/地区。货物发运后，内陆有关公司可凭联运单据就地办理结汇。

（3）陆空（海空）联运。陆空（海空）联运是指由陆（或海）路运输与航空运输组成的一种新的联合运输方式。中国在1974年开始应用这种方式，并得到迅速发展。其运输的商品也从单一的生丝发展到服装、药品、裘皮等多种商品。其运输方法一般是先由内陆起运地把货物用汽车装运至空港，然后从空港空运至国外的中转地，再由汽车陆运至目的地。陆空（海空）联运方式具有手续简便、速度快、费用少、收汇迅速等优点。

（4）大陆桥运输。大陆桥运输是以国际标准集装箱为容器，以铁路或公路系统为桥梁，把大陆两端的海洋运输连接起来的多式联运方式，具有提前结汇、手续简便、节约费用、安全可靠等优点。目前世界上主要的陆桥有西伯利亚大陆桥、新亚欧大陆桥、北美大陆桥、南美大陆桥等。

六、商检

商检即商品检验，是指商品的产方、买方或者第三方在一定条件下，借助于某种手段和方法，按照合同、标准或国内外有关法律、法规、惯例，对

商品的质量、规格、重量、数量、包装、安全及卫生等方面进行检查，并做出合格与否或通过验收与否的判定，或为维护买卖双方合法权益，避免或解决各种风险损失和责任划分的争议，便于商品交接结算而出具各种有关证书的业务活动。

商品检验是国际贸易发展的产物，它随着国际贸易的发展成为商品买卖的一个重要环节和买卖合同中不可缺少的一项内容。商品检验体现不同国家对进出口商品实施品质管制，通过这种管制，从而在出口商品生产、销售和进口商品按既定条件采购等方面发挥积极作用。《中华人民共和国进出口商品检验法》明确规定对法定检验的进口商品未经检验的，不准销售、使用；对法定检验的出口商品未经检验合格的，不准出口。

目前我国进出口商品检验工作主要有以下四个环节。

（1）接受报验。报验是指对外贸易关系人向商检机构报请检验，同时填写"报验申请单"并提交相关资料。

（2）抽样。商检机构接受报验之后，及时派员赴货物堆存地点进行现场检验、鉴定。

（3）检验。商检机构接受报验之后，认真研究申报的检验项目，确定检验内容，仔细审核合同（信用证）对品质、规格、包装的规定，弄清检验的依据，确定检验标准、方法，然后进行抽样检验、仪器分析检验、物理检验、感官检验、微生物检验等。

（4）签发证书。在出口方面，凡列入进出口商品目录的出口商品，经商检机构检验合格后签发放行单。在进口方面，进口商品经检验后，分别签发"检验情况通知单"或"检验证书"，供对外结算或索赔用。

七、配送

物流企业通过运输解决商品在生产地点和需求地点之间的空间距离问题，从而创造商品的空间效益，实现其使用价值，以满足社会需要。配送是由运输派生出来的功能，随着配送的发展，它包括了物流的所有职能，成为物流的一个缩影，体现了物流、资金流和信息流的集成。配送的流程可描述如下：配送是根据客户订货的要求，在货物集结地的配送中心按照货物种类、规格、品种搭配、数量、时间、送货地点等要求，进行分拣、配货、装卸、

车辆调度和路线安排等一系列作业，最终将货物运送给客户的一种特殊的送货形式。

此外，末端配送就是俗称的"最后一千米"配送问题，在跨境电商物流体系中属于最后一个环节，是直接接触到消费者的环节。由于末端配送的服务范围较为广泛、需求具有较大的随机性、价值的附加值较小等，因此，末端配送是跨境电商物流体系中最难控制的环节，也是最容易引起消费者不满的环节。由于每个客户对配送的要求会有差异，因此末端配送问题呈现出不同的表现形式。

（1）根据客户对配送任务要求的不同，末端配送问题可分为纯取货问题、纯送货问题以及同时取送货问题。配送是指对局域范围内的客户进行多客户、多品种、按时联合送货的活动。《物流术语》（GB/T 18354—2021）对配送的定义是："在经济合理区域范围内，根据客户要求，对物品进行拣选、加工、包装、分割、组配等作业，并按时送达指定地点的物流活动"。合理的配送能够提高快递企业的经济效益，实现企业低库存。

（2）根据物流体系中配送中心数量的不同，末端配送问题可分为单个配送中心问题和多个配送中心问题。对于只有单个配送中心的末端配送路径优化问题，其处理相对较简单；如果遇到多个配送中心问题，通常先将客户按区域划分，转化为单配送中心问题，而后通过智能算法进行求解。

（3）根据客户对时间窗要求的不同，又出现带时间窗约束的末端配送问题。其中根据是否允许延时，末端配送问题可分为带硬时间窗约束的末端配送问题和带软时间窗约束的末端配送问题。由于商品是否在客户所要求的时间窗内送达客户直接影响客户的满意度，因此配送速度非常重要。

第四节　跨境电商物流发展方向

一、建立良性跨境电商物流产业环境

跨境电子商务政策具有贸易政策、竞争政策和产业政策等多重属性，建议实施多目标协调的跨境电子商务政策，营造公平竞争的跨境电子商务物流市场环境，让跨境电子商务物流企业充分竞争、优胜劣汰，迫使企业根据市

场需求不断创新、优化、完善，形成企业自我组织、自适应、自创新的成长机制，促进跨境电子商务物流健康发展。鼓励跨境电子商务物流企业做大做强，通过竞争、淘汰、兼并、重组等手段淘汰小而无序、不诚实、不规范的企业，改变跨境电子商务物流行业资源重复配置的现象，用市场机制调整跨境电子商务物流行业的资源配置，提高资源配置的效率和水平。同时，加强对跨境电子商务物流业的市场监管，完善相关法律法规，维护跨境电子商务物流企业和客户的权益。

二、创新和丰富跨境电商物流模式

物流联盟为跨境电子商务物流的发展提供了新的思路。跨境电子商务物流联盟是指两家或两家以上与物流相关的企业通过协议或合同建立更稳定的资源共享、互惠互利、优势互补、风险共担的新型物流联盟的战略目标，包括横向物流合作和供应链上游或下游节点之间的纵向联盟。一方面，联盟可以在物流合作的基础上节约跨境电子商务市场的交易成本，将市场与联盟及其企业的优势结合起来，实现整体效益最大化，同时提高应对国际环境变化的能力，降低由此产生的商业风险；另一方面，联盟有助于解决跨境电子商务物流中的多环节、长交货期、通关困难和高成本等问题，改善跨境电子商务物流结构，提高物流服务水平。

三、设计、优化跨境电商物流服务项目

跨境电子商务物流远比国内电子商务物流服务复杂，其链条长、难度大、专业性强，需要更多的增值服务。跨境电子商务物流客户希望物流公司提供他们所需要的服务，特别是在面临自己不擅长的专业任务时，希望能够外包"一揽子"服务，然而，受自身实力和基础的限制，跨境电子商务物流公司很难提供相关服务。由于不同国家/地区之间经济和技术的差异，要顺利、高效地完成跨境电子商务物流任务，需要国内外物流子系统的协调与同步，需要依托跨境电子商务物流企业物流服务项目的开发与设计，提供多种物流增值服务的支持。由于跨境电子商务物流的复杂性，需要考虑多层次、多类型的客户需求，物流服务项目的设计应满足客户需求的多样性，特别是针对物流项目设计中存在的成本高、交货时间长、退货困难和货物交换困难等问题。

四、构建全球视野的跨境电商物流体系

跨境电子商务业务无国界、无地域限制，跨境电子商务物流将为全球经济服务。从长远来看，我们应该着眼于建立一个全球视野的跨境电子商务物流体系。然而，跨境电子商务物流系统将面临范围广、跨度大、难度大、风险高的问题。从资源基础理论的角度来看，自我概念行为会导致社会资源的低效配置和资源的不经济形成，因此我们可以运用整合思维，整合企业内外、行业内外、国内外的物流资源或物流子系统，建立跨境电子商务物流系统的全球视野，使跨境电子商务物流不再是"分散、小、混乱、差"，促进跨境电子商务物流产业的升级，改善跨境电子商务物流服务。

五、加大跨境电商物流信息化建设

鉴于跨境电子商务物流涉及全球范围，各国/地区经济、电子商务与物流的技术与管理存在巨大差异，所以应采取多渠道、多渠道、多方法解决物流跟踪问题，特别是对于一些非主流语言国家或经济欠发达地区，应寻求物流信息跟踪的突破和新途径。如果不能从技术上解决问题，可以考虑技术与管理创新相结合，寻找一种新的物流信息跟踪方法，解决物流信息盲点。跨境电子商务物流企业还需要提高物流网络信息化水平，使物流过程透明化，提高跨境电子商务物流服务的质量，降低货物损坏、包裹丢失、包裹互换和送货时间长的概率和风险，缓解难以交换的压力，提高跨境电子商务物流服务的质量。

第二章　跨境电商出口物流管理

第一节　跨境电商出口物流模式

跨境出口物流主要有以下几种模式：邮政小包、快递直邮、邮政 EMS 及国内快递公司的国际快递业务、专线物流、传统外贸物流等。表 2-1 是各种方式的优缺点对比。

表 2-1　各种出口方式的优缺点对比

方式	优点	缺点	价格&时效
中国邮政航空小包	邮政网络基本覆盖全球，比其他任何物流渠道都要广，价格便宜。适合邮寄比较轻的物品，以克计算，能寄的物品类别比较广，覆盖全球 220 多个国家	1. 包裹限重 2 千克内 2. 长＋宽＋高小于等于 90 厘米 3. 不建议邮寄价值高于 300 元的物品 4. 时效不稳定，很多国家无妥投信息，延误、丢失没有赔偿。无目的地妥投信息	以 0.5 千克到美国为例：参考价格 53.4 元，10～20 天（http://www.epacket，com.cn）
四大国际快递直邮：DHL/FedEx/UPS/TNT	速度快、服务好、丢包率低，适合高附加值、体积小的产品，发往欧美发达国家非常方便	价格昂贵，且价格资费变化大	以 0.5 千克到美国为例：130～202 元，2～15 天（各个公司差别大，详细可查 http://www.epacket，com.cn）
中国邮政国际 EMS	速度较快，费用低于四大国际快递巨头	对市场的把握能力有待提高，路线有限	以 0.5 千克到美国为例，文件 180 元，物品 240 元，参考时限 5～7 个工作日（http://shipping，ems.com.cn）
ePacket（中国邮政 E 邮宝）	速度较快，费用低于普通国际 EMS，出关能力强	仅限 2 千克以下的包裹；路线少，上门取件城市有限	以 0.5 千克到美国为例：参考价格 52.25 元，6～23 个工作日（http://www.epacket，com.cn）
专线物流	集中大批量货物发往目的地，通过规模效应降低成本	相比邮政小包而言，运费较高，且在国内的揽收范围相对有限	美国特快专线：58.65 元，7～10 个工作日（http://www.pfcexpress.com）

方式	优点	缺点	价格&时效
传统外贸物流＋海外仓	传统外贸方式送货到仓,物流成本低;可提供灵活可靠的退换货方案,提高海外客户的购买信心;发货周期较短	有库存压力;对卖家在供应链管理、库存管理、动销管理等方面提出了更高的要求	从当地海外仓发货,价格即当地快递价格;平均时间1～7天(Gearbest)

以下就几种常用的方式进行介绍。

一、邮政包裹物流渠道

中国邮政网络覆盖全球,中国卖家有 60%以上的包裹是通过邮政网络发出的。卖家能理解在电商微利环境下对物流成本的控制,对饰品、配件等特轻小件而言,其不带电且非紧急要求,邮政包裹是最好的选择。有些偏远小国、岛国走小包最省运费。其他渠道包括国际小包、大包、e 邮宝和国际特快专递 EMS 等,个人邮包形式通过万国邮联体系(UPU)出口发货。邮政国际小包分为普通空邮(非挂号)和挂号两种,价格实惠,通关便捷,国际段均走空运,前者不提供跟踪查询服务,后者付 10 元挂号费可跟踪查询。重量要求在 2 千克以内,在体积上要求货物为非圆筒货物:长＋宽＋高≤90 厘米,单边≤60 厘米。时效性要求不高且大于 2 千克的偏重货物,可走邮政大包,运输方式分别为空运及水陆运,价格比较低,没有偏远附加费,相对于商业渠道有价格优势。

二、国际商业快递渠道

国际商业快递是指在两个或两个以上国家(或地区)之间所进行的快递、物流业务。国家与国家(或地区)传递信函、商业文件及物品的递送业务,即通过国家之间的边境口岸和海关对快件进行检验并放行的运送方式。国际快件到达目的国(地区)之后,需要在目的国(地区)进行再次转运,才能将快件送达最终目的地。

国际快递的一个非常重要的特点是各国快递环境的差异,尤其是快递"软环境"的差异。不同国家的不同物流适用法律使国际快递的复杂性远高于一国的国内物流,甚至会阻断国际快递;不同国家的不同经济和科技发展水平

会造成国际快递处于不同科技条件的支撑下，甚至有些地区根本无法应用某些技术而迫使国际快递全系统水平下降；不同国家的不同标准也造成国际"接轨"的困难，因而使国际快递系统难以建立；不同国家的风俗人文也使国际快递受到很大的局限。

中国国际快递是快递业务中最重要的组成部分，它是 EMS、DHL、UPS、FedEx、TNT，ARAMEX 等快递业"巨头"的主营业务，每年的业务量以 30% 的速度增长，在中国对外贸易工作中发挥了举足轻重的作用，为中国经济融入全球一体化做出了贡献，取得了令人瞩目的社会经济效益。

现代航空快递，是传统航空货运的发展和延续，是从航空货运代理业派生出来的。因此，要了解和掌握国际快递业务，还应学习与国际货代有关的业务知识。

1. 国际快递包裹重量分实际重量和体积重量两种，快递公司将以两种重量中大的一项为计费依据。

2. 体积重量计算。

（1）四大国际快递 DHL、UPS、TNT、FedEx 包裹体积重量的计算方法为长×宽×高÷5 000，注意长、宽、高的单位是厘米。

（2）EMS 邮政速递对长、宽、高三边中任一单边达到 60 厘米或以上的包裹进行体积重量计算，公式：体积重量＝长×宽×高/8 000，长、宽、高的单位是厘米。

3. 国际快递包裹的货物不足 0.5 千克的，按 0.5 千克计费。

4. 21 千克以下的货物按照小货计费，按首重、续重计费，计费单位为 0.5 千克；21 千克及 21 千克以上的货物按大货计费。

5. 国际快递包裹单件货物的规格必须保证：1×长＋2×高＋2×宽＜330 厘米（各快递公司要求的规格不尽相同）。

6. 国际快递包裹单件超过或等于 68 千克的，必须用有脚卡板进行包装（部分国家拒收原来的卡板包装），否则快递公司拒收货物。

7. 倘若有以下情况的国际快递包裹，需预先订舱：货物单件围长（1×长＋2×高＋2×宽）超过 330 厘米（10 英尺、25.2 英寸）；货物单件重量超过 68 千克；货物单件围长不超过 330 厘米，重量不超过 68 千克，但一批货物超过 300 千克。

8. 国际快递的资费变化较大，需发快递包裹时，请先联系所托运的国际快递公司的业务员确认价格。

三、专线物流

专线物流也是跨境电子商务国际物流中常用的一种运作模式。它主要是指专门设计的国际运输路线，在国内仓库和直接散货到具体国家或地区，及时，方便，快捷，具体地区。它有一个比通用快递更优化的按重量收费方式。因此，海外专线模式也普遍针对高需求、热门线路、需求成本分摊、实时配送不会带来产品过期、反季节和库存积压等问题，可视为跨境出口的"直通车"。

专线作业是专业分工的一个子环节。它主要依靠资源整合来推动整个物流服务门到门。第一，专线应考虑国内销售点的分布，国内收集应集中，互联网接入速度应快，从成本考虑，国内仓库与货源和机场之间的距离应适中，以确保国内部分的时间限制能够得到控制，如新出现的边境仓库。仓库可通过电子商贸平台或第三方物流提供，并可在收到后处理。第二，头程多采用所有货物包机运输，节省时间，价格和时间都在邮寄和国际快递之间。然而，航空运输代理商的市场秩序是混乱的，半透明的价格和不确定的服务使其不稳定，这尤其考验了专线公司的定位议价能力。头程到达城市离客户地址较远，也会影响全程时限。

在清关方面专线快递比较专业，采用大包付款交货清关（所有费用由发货人承担）较顺利，如果国外有贸易公司配合清关，那可能会在更大程度上降低清关成本（针对起征点低的国家），SKU 要归类，清关后进行拆包配送。

货物分拣完成后一般由当地邮政或快递负责接收和派送，很多区域快递如澳大利亚 Tol、中东 ARAMEX、日本 OCS、印度 GATI 等，货物的送达时间基本固定。专线针对某一个国家或地区的跨境电商来说是比较折中的物流解决方案。解决好国外清关、和当地邮政或快递合作，是专线服务的两大关键链条，大部分国家基本形成了一些专线通道。例如，针对发往俄罗斯的小包，有 E 速宝、赛诚、俄速通、速邮宝、燕文等产品。寄往美国的专线服务，包裹到达美国后，进入当地 FedEx 和 USPS 派送网络。专线竞争主要体现在"专"上，兼顾规模经济性及点到点线路的时效性，但拼抢货源及航空资源常

引发倒卖发货及邮包的不良现象，令发货人受损。表 2-2 是商业渠道的常见交货方式。

表 2-2　商业渠道的常见交货方式

FOB	Free on Board（装运港船上交货）
CIF	Cost，Insurance & Freight（成本＋保费＋运费）
DDP	Delivered Duty Paid（清关完税及目的地交货）
DAP	Delivered at Place（目的地交货（不含装卸））
DAT	Delivered at Terminal（目的地或目的港站交货）

在海外专线模式中，专业分工决定了跨境综合物流企业是运作主体，最终由这些公司负责商品的全程门到门物流服务。表 2-3 给出了各国专线的具体要求。

表 2-3　各国专线的具体要求

	当地合作商	限重/千克	运费/（元/千克）	挂号费/（元/件）	时效
美国专线	美国邮政、FedEx	30	90	12	4～7 天
英国专线	英国邮政	10	77	10	5～8 天
德国专线	DHL	2	94	20	7～9 天
澳大利亚专线	澳大利亚邮政	5	60	10	5～7 天
俄罗斯专线	俄罗斯当地快递	30	100	0	15～35 天
法国专线	皇家邮政	2	110	10	8～10 天
意大利专线	皇家邮政	2	110	10	8～10 天

四、中欧班列

中欧班列是指按照固定车次、线路等条件开行，往来于中国与欧洲及"一带一路"沿线各国的集装箱国际铁路联运班列。铺划了西中东 3 条通道为中欧班列运行线：西部通道由我国中西部经阿拉山口（霍尔果斯）出境，中部通道由我国华北地区经二连浩特出境，东部通道由我国东南部沿海地区经满洲里（绥芬河）出境。

亚欧之间的物流通道主要包括海运通道、空运通道和陆运通道，中欧班

列以其运距短、速度快、安全性高的特征及安全快捷、绿色环保、受自然环境影响小的优势，已经成为国际物流中陆路运输的骨干方式。中欧班列物流组织日趋成熟，班列沿途国家经贸交往日趋活跃，国家间铁路、口岸、海关等部门的合作日趋密切，这些有利条件，为铁路进一步发挥国际物流骨干作用，在"一带一路"倡议中将丝绸之路从原先的"商贸路"变成产业和人口集聚的"经济带"起到重要作用。

五、境外配送

任何物流方式最终都无法绕开境外的末端配送。纵观全球物流网络，"最后几千米"的运作既是最简单的，又是最难的。各国情况各异，全程时限差异很大，新兴国家和欠发达地区的基础设施短板明显，几乎没什么可选择的服务。而发达市场，从投递上来说，邮政及快递的投递分层服务做得很好，一分钱一分服务，完全差异化。例如在法国，用户可以选择物流送货上门、送货到旗下的门市或派送点自取，送货上门又分为标准、跟踪和签名，另外预约、消息通知、查询等客服也比较到位。而在美国，电商大部分使用"老三家"，美国邮政 USPS 收费相对便宜，300 克的小件平均起步价为 3 美元、2～8 个工作日送达；如果选择商业快递送货，价格就会贵得多，如 UPS 有陆运和航空两种，陆运不保证时效，一般为 3～8 天，价格一般为 5～10 美元。如果选择 FedEx 航空件，则有次日达、次晨达等多项服务，当然价格也要高 5～10 倍。签收方式默认都是送达通知，即把快件送到客户住宅附近即可，可以是门边，不是默认本人签收的。本人签收、他人代收、更改地址、定时配送都属于附加服务，需额外付费。另外，欧美很多快递休息日是不送货的，如果需要休息日送货，也需要加收费用。基于这些服务标准，以及消费者市场教育足够到位，在本地配送方面，电商平台往往能够提供较多的可靠选项。另外，发达市场的突发情况，主要受到运能不足、极端天气、罢工等影响，因为劳动力行业工会的强大，罢工运动在航空交通运输业及物流业屡试不爽。

而在美国，亚马逊推出了 FBA，即亚马逊提供的海外仓储及代发货业务。国内供应商仅需将商品运输到亚马逊在中国的库房 FBA 即可，后续的运输、通关等流程由亚马逊负责，省去了其中繁琐高昂的物流流程，减少了供应商

的物流时间和费用。最终，商品到达亚马逊在目的国当地的 FBA，FBA 实质上成为供应商的海外仓库。

第二节　跨境电商物流的发货流程

一、海外仓

海外仓的操作是指中国卖家通过海运、空运或者快递等方式将商品集中运往海外仓储中心进行存储，并通过物流服务商的库存管理系统下达操作指令。

需要在海外仓服务商提供的物流平台注册会员，开通后台账号，成为会员；在后台系统建立自己的产品信息单；可以备货了，就等候海外仓确认订单后的出货安排通知。

主要步骤为：

（1）卖家自己将商品通过国内物流运至头程仓库；

（2）在头程仓库进行整理包装后，送到海关，完成清关、结汇或退税等手续；

（3）通过国际物流方式（海运、铁路运输或空运等），将货物运抵目的国；

（4）在目的国完成清关、报税等手续；

（5）货物送达海外仓；

（6）从海外仓通过目的国物流将货物送达消费者手中。

在此过程中，卖家在线远程管理海外仓储。卖家使用物流商的物流信息系统，远程操作海外仓储的货物，并且保持实时更新。海外仓的工作人员根据卖家指令进行货物操作。根据物流商海外仓储中心自动化操作设备，严格按照卖家指令对货物进行存储、分拣、包装、配送等操作。系统信息实时更新。发货完成后系统会及时更新，以便卖家实时掌握库存状况。

二、邮政物流

中国邮政速递物流是经国务院批准，由中国邮政集团于 2010 年 6 月联合各省邮政公司共同发起设立的国有股份制公司，是中国经营历史最悠久、规

模最大、网络覆盖范围最广、业务品种最丰富的快递物流综合服务提供商。公司主营国内速递、国际速递、合同物流等业务，拥有享誉全球的"EMS"特快专递品牌和国内知名的"CNPL"物流品牌。

国际在线发运系统是邮政速递物流公司为适应跨境电商客户需求自行开发的在线物流处理系统，支持客户在线打单，提供物流订单管理、在线提交物流及报关信息、自行打印邮件详情单、发送上门揽收指令和邮件运递状态主动告知等功能。对于具备技术开发能力的、业务量较大的客户，速递物流提供 API 对接服务。

目前，系统支持美国、英国、澳大利亚、加拿大、法国、俄罗斯、乌克兰、以色列和沙特路向的 e 邮宝业务，澳大利亚和德国路向的 e 速宝业务，美国路向的 e 包裹业务和主要路向的 e 特快业务。

邮政直邮主要指中国邮政航空小包。中国邮政航空小包又称中国邮政小包、邮政小包、航空小包，是指包裹重量在 2 千克以内，外包装长、宽、高之和不超过 90 厘米，且最长边不超过 60 厘米，通过邮政空邮服务寄往国外的小邮包。它包含挂号、平邮两种服务，可寄达全球各个邮政网点，挂号服务费率稍高，可提供网上跟踪查询服务。中国邮政航空小包出关不会产生关税或清关费用，但在目的地国家进口时有可能产生进口关税，具体根据每个国家海关税法的规定而各有不同（相对其他商业快递来说，航空小包能最大限度地避免关税）。

（一）寄送要求

1. 规格限制

重量不超过 2 千克；

非圆筒货物：长＋宽＋高≤90 厘米，单边长度≤60 厘米，长度≥14 厘米，宽度≥9 厘米；

圆筒形货物：直径的两倍＋长度≤104 厘米，单边长度≤90 厘米，直径的两倍＋长度≥17 厘米，长度≥10 厘米；

写清楚收件人地址和邮编；

按照规定填写报关单及快递面单，申报物品要用中英文。

2. 产品限制

禁止邮寄国家规定的不能邮寄和出口的物品；

禁止邮寄带有危险性、爆炸性、放射性、易燃性的物品；

鲜活的动植物及易腐烂的产品不能邮寄。

挂号资费：标准资费×实际重量×折扣+8元挂号费=总额。

平邮资费：标准资费×实际重量×折扣=总额。

例如，200克的货物运到韩国，当前折扣为7折，标准资费71.5元/千克。

平邮：71.5元/千克×0.2千克×70%=10.01元。

挂号：71.5元/千克×0.2千克×70%+8元挂号费=18.01元。

备注：每件挂号件加收挂号费8元。

（二）寄送时效

当日中午12点以前交寄邮局，一般晚上8点后可以在中国邮政官网查询包裹状态信息。其运输时效大致为：到亚洲邻国5～10天，到欧美主要国家7～15天，其他国家和地区7～30天。

三、国际快递

目前，提供海外市场物流服务的公司有宅急送快递、DHL、TNT、中航联、天地达、神州通有限公司等。

国际快递方式的特点：速度快，服务标准。

缺点：费用较高，可优惠幅度较小，声明价值在600美元以下的无须报关手续。

适用货物：批量小、无须报关的国际货物。

国际快递空运发货还需确定以下内容。

1. 发货人提供的单据有发票（盖公章）、装箱单（盖公章）、合同（盖公章）、代理报关委托书（盖公章）、报关单（报关章）。需通过装箱单、发票、所显示的毛重净重、件数、包装种类、金额、体积，审核报关单是否正确（单证一致）。

2. 需要知道的有货物品名、数量、重量、装箱数、箱柜尺寸（可以看标签）、客户公司、收件人及联系电话、收件地址、出货时间，联系来公司取货

的快递公司。

3. 对照海关编码大全，查阅商品编码，审核两者是否相符（填写报关委托书时能用到）。

4. 寻找国际货运代理：选择适合的货运代理并询价。

5. 填写好运输单（物流公司/快递公司提供的单据），发内地的货，运输单用中文填写；发国外的邮件，寄件人签字可以用中文，其他的都用英文填写。

6. 另外提供货物的中文名称、型号、HS 编码、用途、材质、品牌等。

7. 填写好发货通知单、出门证后请市场部经理、生产部副总经理签字，然后带发货通知单让成品库仓管签字，将货从仓库里提出来。

8. 联系物流公司或快递去仓库取货。

9. 报关需要的基本单证有：

报关委托书（正本、盖公章）（需提供商品 HS 编码、海关注册登记编码）、报关单、发票、箱单、合同（盖公章）。例如，巴西 DHL 正式报关的文件包含：

（1）商业发票（盖公章或公司财务章）；

（2）货物装箱单（盖公章，须注明件数/毛重/净重）；

（3）合同（盖公章或公司合同章）；

（4）出口收汇核销单（装订线上盖公章）；

（5）报关委托书（盖公章，法人或经办人之一必须签名）；

（6）加工贸易企业提供"备案手册"报关，无须另外提供销售合同。若经营单位与发货单位非同一企业时，报关委托书及核销单需盖经营单位公章。

例如，属广州外经贸管辖内的加工贸易企业，则报关委托书及核销单需加盖"宝安区外经贸有限公司"公章。

① 如涉及法定商检货物，需提供相对应的通关单（广州地区以外的出具换证凭条及报检委托书）。

② 需提供该货物商品归类需要的其他单证。

四、专线快递

跨境专线快递是指将运往目的国的货物统一集中到一个仓库，然后进行

清关等操作，经过海运或航空运输送到目的国。专线快递的价格比商业快递的低、时效上比邮政小包快、清关速度与邮政清关的速度差不多，所以目前受到市场上的广泛认可。国内到欧洲约 5～7 个工作日（双休日除外）。欧洲依托自身地理、经济、政策、贸易等环境优势，通过由国内到欧洲多种形式的物流中转，提供海运、陆运、空运、仓储、报关、保险等国际物流服务。在作为进出口交易枢纽的欧洲专线物流运输中，国内的厂商和进出口公司必须经过海关的监管，取得有效的通关文件才可以放行。

第三节　跨境电商出口包装

在出口业务中，包装对于商品的运输和营销具有重要作用。

一、包装概述

商品的包装是商品生产过程的继续，是流通领域的首道工序。包装绝不是可有可无的，它是商品进入流通领域的必备条件之一。如对一个生产饮料的工厂而言，仅仅生产出饮料是不够的，消费者不可能都到工厂去买饮料喝，而需要用各种容器将饮料包装好，装入瓶中送到消费市场上去，以满足社会的需求。除了极少数的原材料外，绝大部分商品要有适当的包装才便于进行装卸、储存、运输、入库堆码和保管等业务。

随着商品生产和商品流通的发展，商品包装已逐渐发展成一门综合性的学科——商品包装学。它不仅包括包装机械、包装材料、包装工艺，而且包括包装标准、包装美术等许多内容。

国际货物包装的目的是保护货物本身质量和数量上的完整无损，便于装卸、搬运、堆放、运输和理货，危险品货物的包装还有防止其产生危害的作用。

在国际贸易过程中，多数商品在运输、装卸、分配、使用的过程中都离不开包装。这是由于在进出口业务中商品一般需要经过长距离的转运，因此经过适当包装的商品须便于运输、装卸、搬运、储存、保管、清点、陈列和携带，且不易丢失或被盗，为各方面提供便利。在国际贸易中，商品进行良好包装是吸引顾客、进行价格竞争的重要手段之一，也是实现商品价值和使

用价值的重要手段，是商品生产和消费之间的桥梁。因此，在国际贸易中，包装是货物说明的重要组成部分，是主要交易条件之一。合同中应签订有包装条款。一些国家的法律规定：如卖方交付的货物未按约定的条件包装，或者货物的包装与行业习惯不符，买方有权拒收货物。如果货物虽按约定的方式包装，但与其他货物未按约定混杂在一起，买方可以拒收违反规定包装的那部分货物，甚至可以拒收整批货物。因此，搞好包装工作和按约定的条件包装对国际商品与货物包装具有重要的意义。

二、包装的种类

为了对国际货物的包装进行经济、合理的管理，有必要对国际货物包装进行分类。一般来说，按功能对包装进行分类，可分为运输包装和商业包装；按形态对包装进行的分类则包括逐个包装、内部包装和外部包装三种。

（一）按功能分类

1. 运输包装

运输包装是以运输、保管为主要目的的包装，也就是从物流需要出发的包装，亦称工业包装。我国的国家标准对运输包装的定义是"以运输储存为主要目的的包装。它具有保障产品的安全，方便储运装卸，加速交接、点验等作用"。从我国国家标准中可以看出运输包装涉及多部门协同作业。包装的好坏在一定意义上反映了一个国家的综合生产力的发展水平。在国际包装标准中，"运输包装"前须冠以"完整的、满装的"定语，即必须是毫无损坏的、内装被保护的产品经过包装所形成的总体。对运输包装有着重要影响的是产品脆值、固有频率和允许损耗率三个要素。

（1）产品脆值：产品在损坏前可承受的最大冲击加速度值。

（2）固有频率：产品包装受到损坏的重要原因之一是共振，预先得知产品的固有频率则可采取措施，避免共振产生。

（3）允许损耗率：任何包装坚固到百分之百的不发生损坏是很难的，应提醒企业制定商品的允许损耗率，有利于采用合理包装。

运输包装按包装大小的不同又分为单件运输包装和集合运输包装。

（1）单件运输包装指在国际物流过程中作为一个计件单位的包装。常见

的有箱，如纸箱、木箱、条板箱、金属箱；桶，如木桶、铁桶、塑料桶、纸桶；袋，如纸袋、草袋、麻袋、布袋、纤维编织袋；包，如帆布包、植物纤维或合成树脂纤维编织包。此外，还有筐、罐、捆、玻璃瓶、陶缸、瓷缸、瓷坛等。

（2）集合运输包装又称成组化运输包装，指将一定数量的单件运输包装的商品进行大的包装或装入一个大的包装容器内。集合运输包装可以提高港口装卸速度，便利货运，减轻装卸搬运的劳动强度，降低运输成本和节省运杂费用，更好地保护商品的质量，并促进包装的标准化。集合运输包装通常采用的是集装箱、集装包、集装袋和托盘。

2. 商业包装

商业包装又称零售包装或消费者包装，是在商品制造出来以后用适当的材料或容器进行的包装，直接接触商品，直接与消费者见面。

不过，在有些情况下运输包装同时也是商业包装，例如，装橘子的纸箱子应属于运输包装，橘子连同箱子出售时，箱子也可视为商业包装。此外，还可以采用商业包装的办法来做运输包装，以使运输包装更加合理并促进销售，如家电用品用的是兼有商业包装性质的运输包装。商业包装的主要功能是定量功能（形成基本单件或与此目的相适应的单件）、标识功能（容易识别）、商品功能（创造商品形象）、便利功能（处理方便）和促销功能（具有广告效力，唤起购买欲望）；主要目的则在于促销、便于商品在柜台上销售或为了提高作业效率。为了使商业包装适应国际市场的需要，在设计和制作商业包装时应体现下列要求：便于陈列展售、便于识别商品、便于携带及使用、要有艺术吸引力。

出口商品的包装应符合科学、经济、牢固、美观、适销等方面的要求。超级市场和一些连锁商店里没有售货员，只有少数理货员和收银员。各种商品分别摆在货架上，吸引顾客全靠产品的"自我介绍"，如"自我介绍"不突出，就不能引起顾客的兴趣和促使顾客产生购买的欲望。因此，无论是做广告还是制作包装都要考虑 AIDMA 的因素。AIDMA 是 Attention、Interest、Desire、Memory、Action 五个单词的缩写，其意思就是要使商品的包装能引起消费者的注意，从而使其感兴趣，产生购买的欲望，即使顾客一时不买也会牢记不忘，终归会有一天让其采取购买行动。

（二）按形态分类

按形态对包装进行的分类大致包括内部包装、外部包装和逐个包装三种。

1. 内部包装

内部包装是指将逐个包装的物品归并为一个或两个以上的较大单位并放进中间容器的状态或技术，其中也包括为保护里边的物品，在容器里放入其他材料的状态和技术。

2. 外部包装

外包装是指将物品放在箱子和袋子等容器中的状态和技术，以便从运输作业的角度保护它们并便利其处理，包括缓冲、固定、防潮、防水和其他措施。

3. 逐个包装

所谓逐个包装是指交到使用者手里的最小包装，把物品全部或一部分装进袋子或其他容器里并予以密封的状态或技术。

（三）其他包装方法

（1）包装按商品销售地点分为内销包装和外销包装。外销包装的特点是要适应进口国的国情、气候、风俗习惯等要求。此外，由于路程远，搬运和装卸的次数较多，因此在结构、包装工艺、图案等方面都应符合上述要求。包装按使用次数分为一次性包装和再利用包装。

（2）可以分为两种情况：一是收回复制再用，二是回收后直接复用。

（3）按包装材料分为纸质包装、塑料包装、金属包装、木质包装、玻璃和陶瓷包装等。

三、包装容器

（一）包装袋

为物品采用包装袋包装是柔性包装中的重要技术。包装袋材料是柔性材料，有较高的韧性、抗拉强度和耐磨性。一般的包装袋结构是筒状结构，一般预先封死一端，在包装结束后再封装另一端，包装操作一般采用填充操作。

包装袋广泛用于运输包装、商业包装、内装、外装，因而使用较为广泛。包装袋一般分成集装袋、一般运输包装袋和小型包装袋。

1. **集装袋**

这是一种大容积的运输包装袋，盛装重量在 1 吨以上。集装袋的顶部一般装有金属吊架或吊环等，便于铲车或起重机的吊装、搬运。装卸时可打开袋底的卸货孔，即行卸货，非常方便。适合装运颗粒状、粉状的货物。集装袋一般采用聚丙烯、聚乙烯等聚酯纤维纺织而成。由于集装袋装卸货物、进行搬运都很方便，装卸效率明显提高，近年来发展很快。

2. **一般运输包装袋**

这类包装袋的盛装重量是 0.5～100 千克，大部分是由植物纤维或合成树脂纤维纺织而成的织物袋，或者是由几层柔性材料构成的多层材料包装袋，例如麻袋、草袋、水泥袋等。其主要包装粉状、粒状和个体小的货物。

3. **小型包装袋**

这类包装袋的盛装重量较少，通常用单层材料或双层材料制成。对某些具有特殊要求的包装袋也有用多层不同材料复合而成的。这种包装的包装范围较广，液状、粉状、块状和异形物等可采用这种包装。

上述几种包装袋中，集装袋适合运输包装，一般运输包装袋适于外包装及运输包装，小型包装袋适合内装、个装及商业包装。

（二）包装盒

包装盒是介于刚性包装和柔性包装两者之间的包装技术。包装材料有一定的柔性，不易变形，有较高的抗压强度，刚性高于袋装材料。包装结构是规则几何形状的立方体，也可裁制成其他形状，如圆盒状、尖角状，一般容量较小，有开闭装置。包装操作一般采用堆码或装填，然后将开闭装置闭合。包装盒的整体强度不大，包装量也不大，不适合做运输包装，适合做商业包装、内包装，并适合包装块状及各种异形物品。

（三）包装箱

包装箱是刚性包装技术中的重要一类。包装材料为刚性或半刚性材料，有较高强度且不易变形。包装结构和包装盒相同，只是容积、外形都大于包

装盒，两者通常以 10 L 为分界。包装操作主要为码放，然后将开闭装置闭合或将一端固定封死。包装箱的整体强度较高，抗变形能力强，包装量也较大，适合做运输包装、外包装，包装范围较广，主要用于固体杂货包装。主要的包装箱有以下几种。

1. 瓦楞纸箱

瓦楞纸箱是用瓦楞纸板制成的箱形容器。瓦楞纸箱对外形结构进行分类，有折叠式瓦楞纸箱、固定式瓦楞纸箱和异形瓦楞纸箱三种；按构成瓦楞纸箱体的材料来分类，有瓦楞纸箱和钙塑瓦楞箱。在国际上，瓦楞纸箱的箱型标准有两大类：一类是经国际瓦楞纸板协会批准，由欧洲瓦楞纸板制造工业联合会（FEFCO）和瑞士纸板协会（ASSCO）联合制订的国际纸箱箱型标准；另一类是日本、美国的国家标准。在国际纸箱箱型标准中箱型的文字名称用简单的 4~8 位数字代号表示，各种箱型在标准中有图例可查。而我国的瓦楞纸箱标准的代号与国外不同，在做出口单证的时候，需要高度注意。

2. 木箱

木箱是流通领域中常用的一种包装容器，其用量仅次于瓦楞箱。木箱主要有木板箱、框板箱、框架箱三种。

3. 塑料箱

塑料箱一般用作小型运输包装容器，其优点是自重轻、耐蚀性好、可装载多种商品、整体性强、强度和耐用性能满足反复使用的要求、可制成多种色彩以对装载物分类、手握搬运方便、没有木刺、不易伤手。

4. 集装箱

由钢材或铝材制成的大容积物流装运设备。从包装角度看，也属一种大型包装箱，可归于运输包装的类别之中，也是大型的反复使用的周转型包装。

（四）包装瓶

包装瓶是瓶颈尺寸有较大差别的小型容器，是刚性包装中的一种。其所用的包装材料有较高的抗变形能力，刚性、柔性要求一般也较高。个别包装瓶介于刚性材料与柔性材料之间。瓶的形状在受外力时虽可发生一定程度的变形，外力一旦撤除，仍可恢复原来的瓶子形状。包装瓶的结构是瓶颈口径远小于瓶身，且在瓶颈顶部开口；包装操作是填灌操作，然后将瓶口用瓶盖

封闭。包装瓶的包装量一般不大，适合美化装潢，主要为商业包装、内包装使用，主要包装液体、粉状货物。包装瓶按外形可分为圆瓶、方瓶、高瓶、矮瓶、异形瓶等若干种。瓶口与瓶盖的封盖方式有螺纹式、凸耳式、齿冠式、包封式等。

（五）包装罐（筒）

包装罐是罐身各处的横截面形状大致相同，罐颈短，罐颈内径比罐身内径稍小或无罐颈的一种包装容器，是刚性包装中的一种。包装材料强度较高，罐体抗变形能力强；包装操作是装填操作，然后将罐口封闭，可做运输包装、外包装，也可做商业包装、内包装用。包装罐主要有小型包装罐、中型包装罐和集装罐三种，其中集装罐是典型的运输包装，适合包装液状、粉状及颗粒状货物。

四、包装技术

产品的种类繁多、性能各异，产品包装必须针对产品的类别、性能及其形态等采用正确的包装方法和相应的包装技术，以最低的物资消耗保障产品完美地运送到消费者手中。

（一）包装设计要素

包装的设计与包装功能、包装分类有着不可分割的联系。根据各种目的、用途设计的包装就有着不同的性能并且都属于不同的类别。影响工业包装设计的因素很多，最主要的有以下几个方面。

（1）了解被包装物在物流过程中，尤其在运输和储存环节中可能经受的外界影响、危害等实际情况，以便采取相应的包装措施。

（2）对被包装物的物理性能、化学性能和其他的一些特殊性能都应有清楚的了解，这也是包装设计的最基本的条件。

（3）熟悉各种包装材料的性质与被包装货物的适应性，以便采取理想的包装技法。

（4）考虑包装方法的实施和包装作业的方便性，尤其要考虑使用包装机械作业的可能性及生产效率。

（5）在保证包装要求、质量的前提下，在包装设计时应进行周密的核算，力求做到包装材料消耗合理、经济耐用、效益理想。

（6）包装技术的选择还要注意符合和遵守有关的标准（包括国际的、国家的、地方的、企业的）和有关的法规（如商标法、海关法、食品卫生法、医药管理条例等），力求做到包装标准化，而且要符合运输部门和其他有关部门对包装的规定和要求。

（二）包装机械与包装技术

包装机械是指完成全部和部分包装过程的机器设备。包装机械很多，通常是按包装工序来使用包装机械。包装工序有裹包、灌装、填充等，完成这些包装工序的包装机械被称为包装主机。另外，还有完成洗涤、烘干、检测、输送等工作的辅助包装机械等。货物在物流过程中发生破损的原因很多，必须采取不同的包装技术加以防范。

1. 防潮包装

防潮包装是为了能延缓或者阻止因潮气侵入包装件影响内装货物质量而使用一定防护措施的包装。实施防潮包装是用低透湿度或透湿度为零的材料，比如清漆、蜡、聚乙烯醇缩丁醛等物质，将被包装物与外界潮湿的大气相阻隔。

2. 防水包装

防水包装是为了防止水分浸入包装物，影响内装物质量而采取一定防护措施的包装，属于外包装。包装在运输、装卸、搬运的过程中，为防止外界的雨、淡水、海水等渗入包装，影响内装物资的质量，采用某些防水材料做阻隔层，并用防水黏结剂或衬垫、密封等措施阻止水侵入包装内部，需要注意的是防雨水包装结构不一定能兼防潮包装的作用。因为，防雨水包装只是单纯为了防止外界的雨、雪、霜、露等渗入包装并侵蚀内装货物，除非是采用气密性容器包装，它对外界潮湿空气的侵蚀是防止不了的，也不能起阻止作用。

3. 缓冲包装技术（防振包装技术）

货物在物流过程中发生破损的主要原因是受运输的振动、冲击，以及在装卸作业过程中的跌落等外力作用。不同的物品承受外力的作用程度虽然有

所不同，但若超过一定程度便会发生毁损。为使外力不完全在物品上发生作用，必须采取某些缓冲的办法使外力对物品的作用限制在毁坏限度之内。这种方法为缓冲包装法。

4. 防锈包装

防锈包装是为了防止潮湿空气或雨水等侵入包装而使金属腐蚀的包装技术。在金属表面涂防锈材料以破坏化学腐蚀的条件是防锈包装最常使用的手段，功能就是确保金属制品在储运期间保持其应有的表面状态、精度和相关的性能、功能。防锈包装是必不可少的一种防护措施。

5. 防霉包装

防霉包装是为了防止因霉菌侵袭内装物品而生霉、影响产品质量所采取的一定防护措施的包装方法。防霉包装必须根据微生物的生理特点，改善生产和控制包装储存等环境条件，达到抑制霉菌生长的目的。

五、包装与物流成本

（一）包装对物流成本的影响

包装会影响每一项物流活动的成本。例如，库存盘点要求人工或自动化识别系统具有较高的准确性，而识别与商品包装密切相关；分拣的速度、准确性和效率也受包装的形状和操作的简便程度等的影响；包装尺寸和密度直接影响到运输的成本，也会影响仓储成本，因为它会占用仓库空间的使用、影响堆码的稳定性等；包装的尺寸和密度还会影响到装卸和搬运的效率和成本。

（二）减少包装对物流成本的影响的方法

企业如果要降低包装对物流成本的影响，可采用以下方法。

（1）在实现所需的必要保护的前提下，改变包装形状、尺寸及结构。

（2）尽量减少包装物的重量。

另外，还要关注降低包装材料及其附属物的成本的问题。比如，汽车防撞梁的通用包装方式是将其放在特制纸箱中，这是保护性较优的方案。但是汽车防撞梁为弯曲形状，包装纸箱的空间利用率低，物流运行环节中占用大

量的仓库空间和运输体积，是不经济的包装方式。从零件的防护性和经济性两方面分析，采用按零件形状包裹的气泡袋包装方式更加合理。

六、国际包装的特性及对物流的影响

当企业进行国际运作、商品实现跨国运输时，由于国际运作有更长的运输距离和更多的装卸和搬运，同时要面对不同国家的法律法规，所以国际物流包装的特性不同于国内物流的包装，既强调商品的卖相，同时更要注重商品在流通过程中的安全保护。国际物流包装的特性具体如下。

（一）国内包装不适合出口使用，须符合各国包装的规定

由于国际物流比国内物流有更长的运输距离和更多的装卸搬运，要面对不同国家的法律法规，同时由于海关作业的要求，包装上需要贴满各种标签、单据等，所以国内包装不适合于国际出口的需要。

企业出口时需要认真了解进口地国家的市场情况与相关规定，选择最好且适合的包装，以适应各国的不同规定与喜好。例如，美国、欧洲、澳大利亚、日本、埃及等规定：凡用木箱进口的货品，均需提供熏蒸证明。美国、澳大利亚、新西兰、菲律宾等则更进一步禁止使用稻草作为包装材料。埃及规定：包装箱应里、外均防水，且用双层铁皮捆扎牢固。沙特阿拉伯规定：所有货物应先用栈板集装后再装入集装箱，不准有散装，方便机械装卸，且每件集装箱栈板的重量不得超过 2 吨。

（二）符合国际趋势——绿色包装（环保包装）

随着科技进步和节能环保理念的不断普及，在国际上，特别是发达国家对于环保包装的要求越来越高，不断通过立法手段对于进口商品的包装提出需符合环保的要求。例如，含 CFCs 的聚苯乙烯泡沫塑料[EPS、聚氯酯（PUC）]等发泡塑料在生产过程中会破坏大气臭氧层，同时使用后不容易降解。德国已全面禁止使用该类材料制作包装衬垫或容器。

（三）重视包装对作业的安全性

为了在物流操作中保护人身安全、避免作业伤害，同时也考虑到方便作

业，各国有具体的规定。例如，加拿大为便于搬运工人操作、确保作业过程中的安全，规定一个外包装的毛重不可超过 35 千克，超过就要罚款，万一搬运工人因搬运超重对象而受伤害，有权提出申诉，要求赔偿。沙特阿拉伯也有类似加拿大的规定，要求每袋袋装货物的重量不得超过 50 千克，否则不提供仓储服务，除非这些袋装货物用栈板集装。另外，阿拉伯联合酋长国基于货物转运的需要，也规定商品包装应牢固，能承受高温和高湿度，以及承受粗暴的装卸和可能发生的偷窃等。

七、包装与物流的关系

现代物流活动是由包装、运输、储存、装卸搬运、流通加工、物流信息管理、物流网络、库存管理、物流组织管理、物流成本的管理和控制等基本环节组成。包装的主要功能是保护商品、方便储运、促进销售，它始于生产的终点，结束于消费的始点，包装的合理化、现代化、低成本是现代物流合理化、有序化、现代化、低成本的物质基础和保证，包装标准化是实现现代物流的根本途径和有效保障。

包装与现代物流的密切关系主要体现在以下几个方面。

1. 货物安全性

在货物的整个流通过程中，包装的牢固度、标准化、美观性等决定着产品能否以完好的使用价值和理想的价值达到用户满意的程度。若有散包、破损、淋雨、受浸、变质、异味、破损等现象发生，表明包装不合理。若包装规格尺寸不符合标准化，则不便于托盘、叉车作业，也不能进行集装化运输和储存。若包装材料选用不当，在运输或装卸搬运的过程中包装有可能出现破损问题。如果包装材料使用过多，包装过剩，则浪费资源，给回收造成困难。

2. 物流信息化

物流信息管理是现代物流标准化的关键和核心，产品的各种信息都会在产品的各种包装上得以反映和体现。因此，在不同层次的包装上应该设置哪些标签、标记、代码和其他相关信息，对物流信息管理、整个物流供应链管理乃至整个物流系统的管理都是至关重要的。

3. 物流有序性

物流组织管理不是单纯的人事、信息、财务管理等，支撑这些管理内容

的关键是技术管理。对于物流供应链的技术管理，最主要的内容是完成在供应链中各类与包装有关的技术管理。只有货物在有序、可控地流动，才能实现整个物流组织管理的有序。

4. 物流低成本

物流系统中的所有环节都与包装有关，故包装对物流成本的控制至关重要。例如，采用现代化机车搬运代替人工搬运，可以省去单元小包装所造成的人工费用、产品破损费用。合理的包装尺寸规格、货物堆码层数有利于提高运输工具容积率、仓库利用率；合理的包装防护技术可以减少或避免货物破损，这些都有利于降低和控制物流成本。

5. 物流综合效率

通过包装将物流链、物流系统中的各个环节有机、高效、系统地组合成一个大综合系统，重视物流各个环节与包装的密切关系，则可以在整体运营中提高综合效率。另外，关注国际物流及与包装法规、标准的接轨，也是实现国际化运营的根本保证之一。

第三章　跨境电商进口物流管理

第一节　跨境进口物流模式

一、直邮进口

（一）直邮进口的概念

直邮进口模式是指符合条件的电子商务企业或平台与海关联网，境内个人跨境网购后，电子商务企业或平台将电子订单、支付凭证、电子运单等传输给海关，电子商务企业或其代理人向海关提交清单，商品以邮件、快件方式运送，通过海关邮件、快件监管场所入境，按照跨境电子商务零售进口商品征收税款的进口模式。

直邮进口模式更适合消费者个性化、多元化的海淘需求，具有低时效、高稳定、低风险等特点，主要包含邮政直邮、快件直邮和集货直邮。

邮政直邮、快件直邮进口模式用行邮清关模式，对入境行李物品包裹征收行邮税。在行邮清关模式下，消费者需要以个人名义向海关报关，向境外提供收件人的身份信息，必须满足自用合理原则。

集货直邮模式是跨境直邮模式的升级版，指消费者购买境外商品之后，供货商集中发货到海外仓，货物被包装后由国际物流公司转运发货，然后在完成境内清关后配送到消费者手中。

（二）直邮进口的特点

1. 邮政直邮和快件直邮

（1）邮政直邮和快件直邮模式物流时效低

直邮需要经过如下环节：境外商家选择快递公司发货—国际空运—境内

快递/EMS 清关—境内配送等。消费者从下单到收到货物，通常要经过 1 个月左右的时间，但如果消费者的商品价值超过税收上限，则商品会被海关暂扣，待完成海关税费补缴后获取包裹。

（2）邮政直邮和快件直邮模式的清关通常由境内快递或邮政完成

消费者需提供身份证扫描件及详细收货信息，卖方需提前向海关备案邮寄的商品，不在备案范围的商品将被退回。

（3）邮政直邮和快件直邮进口的模式退货困难

因货物是由境外商家选择物流公司进行运送，每个货运环节都存在货物损坏或丢失的风险，且消费者无法通过相关渠道完成追责或退货。

2．集货直邮

（1）物流时效快

通常情况，集货直邮的物流时效在两周以内。商家通常会将货物集中放在海外仓，当获得订单时，商品会在海外仓完成拣货、打包工作。通过国际包机运输的方式将货物送抵境内，这个过程只需要一周时间。货物到达境内后，完成清关、运输操作可以送至消费者手中。集货模式相比于邮政直邮模式物流时效更优，也能提升消费者的满意度。

（2）跨境电商平台提供清关服务

消费者在完成付款操作后需要在网上提供身份证扫描件及详细收货信息报关。在集货模式下，相关商品将全部报关，100%缴纳税款。

（3）集货模式物流可靠、丢包率低，平台可提供退货服务

集货直邮模式由有海外仓资源和干线运输能力的跨境电子商务平台提供，因此包裹在运输过程中出现的丢包、损坏等售后问题都可以通过跨境电商平台解决。消费者收到货物后，因质量、包装、与描述不符等问题需要退货时，电子商务平台支持消费者"本土退货"，由电子商务平台境外团队帮助消费者进行境外维权。

（4）具有一定的海外仓和国际运输资源

集货模式对海外仓、清关、多元化干线运输的要求较高，因此要求电商平台可以解决从海外仓集货、空运、清关到境内运输的全部环节。

（三）直邮进口业务操作

1. 邮政直邮和快件直邮

（1）邮政直邮和快件直邮业务流程

邮政直邮和快件直邮业务流程如图 3-1 所示。

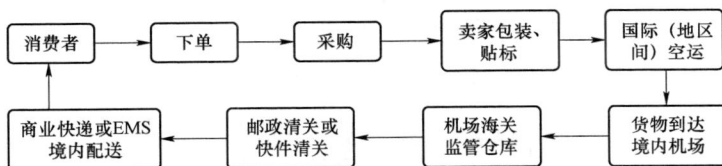

图 3-1　邮政直邮和快件直邮业务流程

① 消费者下单，提交收货人身份信息及收货地址。

② 在境外电商网站完成商品采购。

③ 卖家对商品进行包装并装入货物装箱单，贴快递面单。

④ 通过邮政清关或快件清关的方式进行快速通关，并通过国际（地区间）空运运输。

⑤ 货物到达境内机场。

⑥ 包裹到达境内后进入机场海关监管仓，检查偷税及违禁品。

⑦ 更换货物物流面单，由境内商业快递或邮政公司完成货物的清关操作。

⑧ 海关确认放行，物流公司寄送货物到消费者。

（2）行邮清关模式

行邮清关模式如图 3-2 所示。

2. 集货直邮

集货直邮业务流程如图 3-3 所示。

（1）消费者下单，提交收货人身份信息及收货地址。

（2）跨境电商平台的境外团队完成销售商品的采购。

（3）发货到跨境电商平台的海外仓，收到用户订单后，进行拣货、包装、装箱、贴国际物流快递面单等操作。

（4）通过国际空运送至境内机场。

（5）包裹到达境内后进入机场海关监管仓，待查。

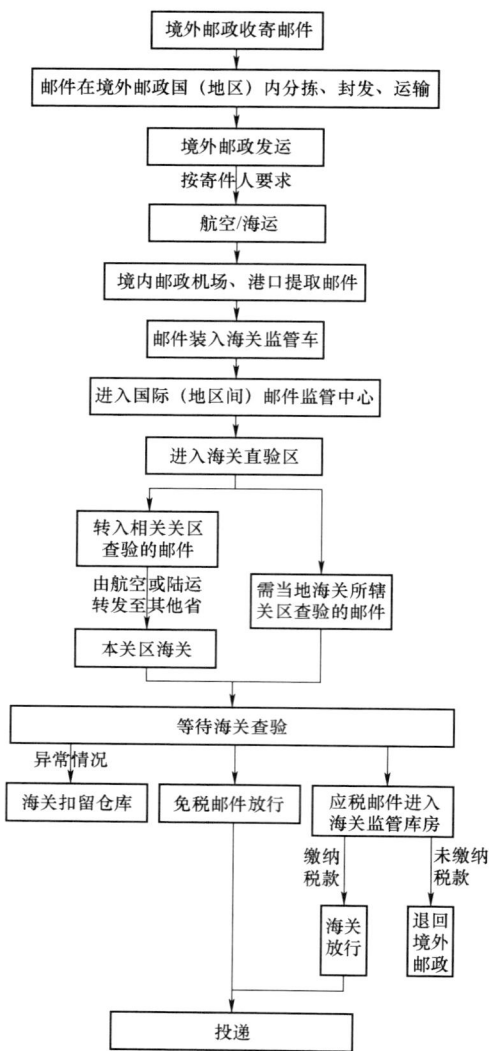

图 3-2　行邮清关模式

注：海关认为超出个人自用范围或带有商业性的邮件，要根据海关要求
提供相应证明或材料进行正式报关。

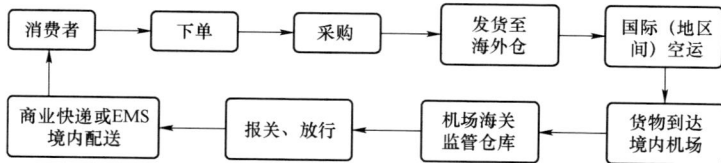

图 3-3　集货直邮业务流程

（6）海关检查包裹，检查偷税及违禁品。

（7）跨境电商平台统一完成货物的报关程序，海关放行。

（8）通过商业快递或 EMS 配送到消费者手中。

（四）模式对比

邮政直邮、快件直邮和集货直邮模式均要求业务在有订单后才能进行，业务本身不在境内备货，当包裹入境后才需要清关。

两种模式也存在着区别，主要区别如下。

1. 抽查模式

在邮政直邮、快件直邮模式下，对于单个快件，如果抽检到就要开包检查，抽检不通过将被退运。

在集货直邮模式下，部分口岸不进行出入境检验检疫，如郑州口岸。

2. 清关模式

在邮政直邮、快件直邮模式下，确认订单后，境外供应商使用国际快递将商品直接从境外邮寄到消费者手里。如果商家使用机场快递清关，则商业快递自行报关；如果商家使用 EMS 清关，则可使用邮政的渠道完成邮政清关。整个过程无海关单据。

在集货直邮模式下，商家将多个订单商品集货后运送到境内海关监管仓，办理正规海关通关手续，并经过海关查验后放行。每个订单均附有海关单据。

3. 售后服务

在邮政直邮、快件直邮模式下，因商品在流通环节中存在经多个主体才能到达消费者手中的情况，如果出现售后问题，将难以定责，因此一般不支持退换货。

在集货直邮模式下，商品提前进入海外仓，根据平台反馈的情况进行商品的退换货、补货服务，可进一步满足消费者的售后需求。

二、集货模式

（一）基本概念

集货即收货，就是外贸出单之前把不同来源的货物集中在一起。建立集

货中心的目的是使原来分散的、小批量的、规格和质量混杂的、不容易进行批量运输和销售的货物，经过集货中心处理，形成批量运输的起点，从而实现大批量、高效率、低成本和快速的快递运作。这样的物流中心通常多分布在小企业群、农业区、果业区、牧业区等地域。

企业完成备案手续，网上产生订单后，电商包裹按照现有跨境快速通关方式入境，进入海关监管场所分拣、清关，放行包裹捆绑车辆配送出区，事后集中缴纳税款。

保税集货模式是指跨境电商根据消费者在跨境电子商务平台上产生的订单，先在国外采购货物，统一打包，以集货方式入境，在保税物流中心由物流企业根据消费者订单信息将商品分别粘贴运输面单，由报关企业汇总申报，经海关清单核放，查验放行后配送到消费者手中。与保税备货模式的区别：集货模式的电商无需将未出售的货物预先囤积在仓库内，可极大地降低资金成本和销售风险。劣势在于没有备货模式发货快。

集货是目前流行的跨境物流运作形式，性价比优于纯国际快递，它突破了邮政包裹、商业快件、海外仓及国际空运等传统模式，是一个组合。这一运作模式的核心是利用国际物流的断层，抓住了环节规模效应。选取合适的集货仓库，揽收足够量的包裹，批量发运，降低航空订舱成本，到国内再转廉价的快递配送。中国与欧美等地的贸易不平衡导致物流资源也是失衡的，中国出口的空运舱位很紧张，但回程的很多。从洛杉矶到上海的空运价格低至 5 元/千克，这与大型快递的报价简直是天壤之别。成本与规模优势是很多低廉的华人快递存在的基础，他们的主要收益来源于运费、打包及存储等费用，清关费及关税多是透明的。搭建一套基于互联网的用户、订单、收发货管理系统，签约合适的货运代理发货回国。针对入境口岸，通常有若干回国线路供选择，甚至可港澳线经转。除了海淘散户，随着跨境电商企业端物流需求的积累，这类快递的效率和体验也在快速改善。很多转运公司逐渐向综合国际物流服务提供商发展，如海带宝是首家依靠海淘转运上市的公司。

（二）集货模式流程

集货模式相当于直邮模式的升级版。

主要流程为用户下单—国外采购—供应商集中发货至国外集货站—转运

公司进行跨境运输—空运至中国国内机场—货物进入海关监管仓—通过正规方式清关—国内配送。流程如图3-4所示。

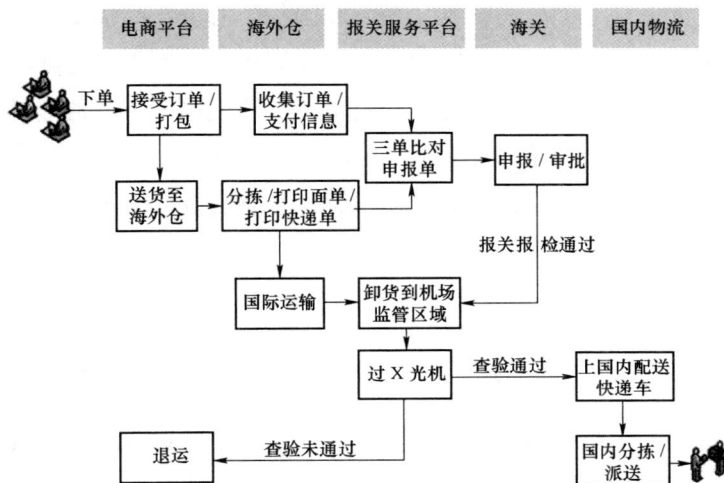

图 3-4 集货模式流程图

（三）集货模式的特点

1. 优点

（1）**更快清关**：提前备案、产品归类，全程电子清关，用户下单后集中发货，跟踪商品通关进度。

（2）**规范安全**：灰色清关有法律风险且时效不可控，正规渠道降低运作风险，全程物流可追溯。

（3）**更低成本**：集货订舱、及时发货，海外华人操作，低运费、低操作费、低清关费，税费信息透明。

（4）**全程系统**：系统 API 接口实时同步订单、清关、物流等信息，实时返回货品及订单状态，全程可视。

（5）**更简流程**：跨境物流一站式服务，承接中间大量专业操作及管理，电商专注于采购与前端，合作高效。

2. 缺点

（1）须有国外仓，仓租成本高。

（2）国外人工费用高。

适用卖家：集货模式适合跨境电商平台，以及商品种类多且零散、个性化较强的卖家。

境外集货更接近于海淘的本义，商品囤积于海外，品类更丰富，与用户需求的多元化、个性化趋势相匹配。这种物流运作有利于长尾非标及高价位商品的进境，客户群正日益广泛，宝贝格子等跨境电商平台的非标品已达八成，"本地化采购＋海外仓集货转运"已成行业标配。对于物流企业而言，满足和经营用户的需求，关键是对物流资源进行整合及成本控制，依赖系统集成上下游及电子化通关。

（四）备货模式

1. 基本概念

企业完成备案及通关手续，电商货物批量入境，进入海关监管场所或保税监管区域，网上产生订单后，在区内打包并申报清单，进行捆绑装车并配送出区，事后集中缴纳税款。

海外直邮即商家在消费者下单之后通过物流公司一单一单发回国内；集货直邮则是商家在接到订单之后将货物集中存放在海外的集货仓，达到一定包裹量之后再统一发回国内。这两种模式的成本较高、效率也较低，消费者从下单到收货平均历时在 30～40 天。而保税模式则是商家通过大数据分析提前将热卖商品囤放在国内的保税区，消费者下单之后，直接从保税区发货，一方面节省商家的物流和人力成本，物流速度还几乎与国内订单无异；另一方面，通过保税模式进入仓库的货物，可以以个人物品清关，在税收和检验检疫的环节都享有优势。

小规模的跨境 B2C 模式无法撑起整个跨境电商进口，B2B2C 成为主攻方向。保税区内建仓，使用跨境电商保税进口 BBC 模式，可以极大地改善跨境网购的速度体验。先备货后接单，国外商品整批抵达国内海关特殊监管区域和保税监管场所，如保税区、保税港区、保税物流中心等。

商家根据消费者的下单情况，商品从保税区直接清关发出。消费者的退换货体验如同国内电商，海关的商品备案及溯源机制，规避了以往海淘"灰色"进境的风险。同时，"拼箱海运＋保税仓"可大幅降低物流成本，高效、批量引入国外产品，货物进入保税区，理货后再报关，入仓处于保税状态（出

区时才缴税），滞销产品也可以不缴出口关税直接退回海外。保税进口适合规模经营，实力较为雄厚的跨境平台成为获取市场份额的重要手段。一时间保税仓成为被争夺的"粮仓"，资源的稀缺性直接导致试点口岸的保税仓租金大涨。除了需要抢资源、投入大，保税进口在各个试点城市的政策执行细节也不一样，入驻前置手续繁琐。通常，跨境电商公司选择保税仓及配套服务公司后，通关、支付必须跟海关已准入的公司合作。总体来看，从前端消费者的反馈来看，这一发货方式已经被普遍认可，只要不断有品类能继续通过保税进口方式进口，整个跨境电商市场会越做越大。

2. 备货模式流程

跨境电商 BBC 保税进口流程。

（1）消费者在电商平台下单，电商平台从境外商家采购备货。

（2）境外商家发货（B）—国际段运输—自贸区/保税区/出口加工区等—申报查验（海关）—保税仓库（B）—出区申报/出仓核销（中国海关）—国内运输配送—消费者收货（C），如图 3-5 所示。

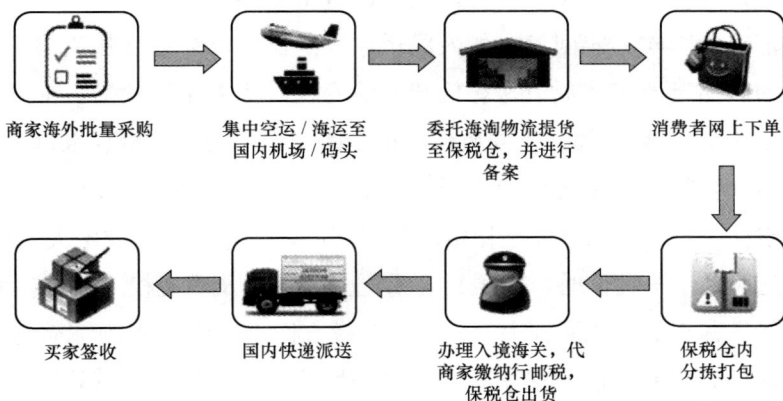

商家海外批量采购　　集中空运/海运至　　委托海淘物流提货　　消费者网上下单
　　　　　　　　　　国内机场/码头　　　至保税仓，并进行
　　　　　　　　　　　　　　　　　　　　备案

买家签收　　国内快递派送　　办理入境海关，代　　保税仓内
　　　　　　　　　　　　　商家缴纳行邮税，　　分拣打包
　　　　　　　　　　　　　保税仓出货

图 3-5　备货模式流程图

3. 备货模式的特点

（1）优点

保税备货模式的最大优点就是用户体验好，具体表现为以下几点。

① 从下单到收货的物流时间短，与国内的传统电商差不多，短则当天送达，长的话也就三五天送达。

② 保税备货模式的物流成本低，国内的人工费本身很低，而集运相对于直邮来说，也可以节省大量的物流成本。

③ 商品质量有保证，退换货较其他模式的跨境电商也更便捷。

（2）缺点

① SKU 有限，对于保税备货模式来说，保税仓的规模是有限的，在竞争激烈的情况下，对于保税仓的争夺也会很激烈，所以，有限的仓储就成了一个整脚的难题。

② 资金回流慢，保税备货模式是针对大宗商品的，商品量很大，短期内销售完的难度很大，一般都需要较长的周期。

③ 选品要求高，保税区对入库商品有严格的审核，海关会定期进行检查，所以，不是优质商品就不要选择这个渠道了。

④ 跨境电商的政策波动很大，新兴行业的发展走向不明确，政府需要及时地予以调整，对于卖家来说，政策的影响有时候是很大的。

当然，备货模式也存在一些问题。

第一是经营风险。保税备货模式下，备货提高了资金占用成本，库存、滞销及汇率的影响不容回避。如人民币连续贬值，以高汇率从美国提前运到保税仓的商品迅速集体贬值，售价却无法变化，集采压力骤增。常规化囤货需要稳定的供应链，"爆品"同质化，很多跨境电商的产品授权来自国际商贸公司，中间辗转经过多个供应商或经销商，没有品牌的直接授权，加剧货源的不确定性。对于需求小或不稳定的长尾产品，库存的管控成本大、不划算，不如空运直邮。与此同时，保税仓容易滋生假洋货及假授权，不管各大 B2C 平台如何宣称正品，从流程上看，保税仓最方便"洗白"。比如，商家拿一批仿品去海外兜一圈再放到保税区，经"保税区一日游"拿到海外发货凭证和入境许可，消费者无从辨别。因此，保税仓备货天生适合大电商，拥有可靠的资金链，利用本身品牌影响为其背书，提高消费者的信任度。

第二是政策导向。历经政策的波动，企业也变得更加谨慎，折中的规避风险做法是，降低对目前试点城市保税仓的投入，将相当一部分品类转向海外仓，两条腿走路，基本形成了"日用爆品保税进口、贵品长尾品海外空运"的局面。

保税备货模式适用于大宗货物，必须报关，其服务商也是大宗货物物流

服务商。在清关政策上，保税区理论上不属于入境，所以货物进入保税区时可暂不报关及缴纳税费，只有在用户下单后以零售包裹入境时再报关缴税。所以，保税备货模式适合于自营模式及批量采购的卖家。跨境电商两种进口形式的对比如表 3-1 所示。

表 3-1　跨境电商两种进口形式的对比

模式	进口 B2B2C 保税备货	进口 B2C
购物	从已备案电商平台网购，均有累计限额	
始发	境内关外、保税港区	境外
物流	整批入仓、区内打包、包裹出仓	小件包裹
时效	出仓后 3～5 天	送货 1～2 周
查验	集中查验、出仓核销	过 X 光机、同屏比对
费用	快递运费及跨境电商税等	运费、处理费、通关费、跨境综合税
适用	资金雄厚、备货量大、品类集中	代购、海淘、境外电商、长尾品类

第二节　跨境电商进口供应链

跨境进口供应链是利用供应链开展跨境交易、跨境物流、跨境供应等活动，进而把供应商、海关、物流商和网络消费者等连接成一个整体的功能网链。

消费群都在国内，但相比国内电商，跨境电商进口的供给方在国外，从前台电商运营的角度看大同小异，而从后端供应链和渠道管理的运作看，差异巨大。在"商品（供应链）—销售（转换率）—渠道（流量）"链条中，直扼跨境电商进口命脉的是供应链。但供应链不存在所谓零库存，"不压这头压那头"，保税转向直邮，海外仓是将库存囤在境外、积压在上游供应端。

进口跨境电商已步入全产业链竞争时代，对各环节资源把控能力的要求不断提高，但核心仍然是商品。跨境电商进口的供应链模式太重，运作链条太长，所需资源支持和异常情况太多。压力仍然是资金链，电商平台一旦结算周期拉长或滞销，则会被压货款。而汇率波动时，提前锁住订单较难，打造稳固的供应链是跨境电商进口的重要任务。

一、供应链管理

（一）供应链特征

从供应链的结构模型可以看出，供应链是一个网链结构，节点企业和节点企业之间是一种需求与供应的关系。供应链主要具有以下特征。

1. 复杂性

因为供应链节点企业组成的跨度（层次）不同，供应链往往由多个、多类型甚至多国企业构成，所以供应链结构模式比一般单个企业的结构模式更为复杂。

2. 面向用户需求

基于一定的市场需求，供应链发生形成、存在和重构，在供应链运作过程中，作为驱动源，用户需求拉动着供应链中信息流、产品/服务流和资金流。

3. 动态性

由于企业战略和市场需求变化的需要，供应链管理具有明显的动态特征，其中节点企业需要动态更新。

4. 交叉性

节点企业可以是这个供应链的成员，也可以是另一个供应链的成员。许多供应链形成跨结构，增加了协调管理的难度。

（二）供应链分类

以产品的生命周期、需求稳定程度划分，供应链可以分为效率型供应链和反应型供应链。两种类型供应链的对比如表 3-2 所示。

表 3-2　两种类型供应链对比

比较项目	反应型	效率型
追求目标	对不可预测的需求做出有效反应，使缺货最小	最低的成本供应
管理核心	配置多余的缓冲库存	保持高的平均利用率
库存策略	部署缓冲库存，应对不稳定的需求	降低整个供应链的库存
提前期	大量投资于缩短提前期	保持稳定的情况下尽可能缩短提前期
供应商选择	以速度、柔性、质量为核心	以成本和质量为核心

按照驱动方式可以分为推式和拉式两种类型，如图 3-6 和图 3-7 所示。推式供应链的运作是以产品为中心，制造商驱动的。这种传统的推动式供应链管理是以生产为中心的，我们试图通过提高生产效率和降低单一产品的成本来获取利润。拉动供应链是以客户为中心，通过对实际需求的更准确预测来拉动产品生产和服务的供应链。这种供应链具有集成度高、信息交换快、可根据用户需求实现定制化服务、供应链系统库存低等特点。

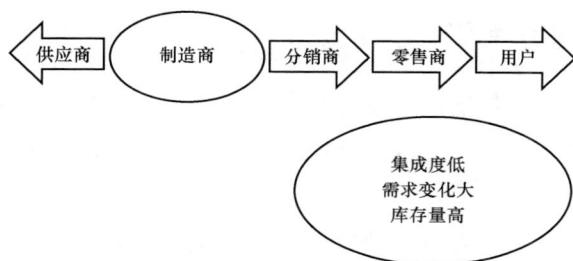

图 3-6　推式供应链

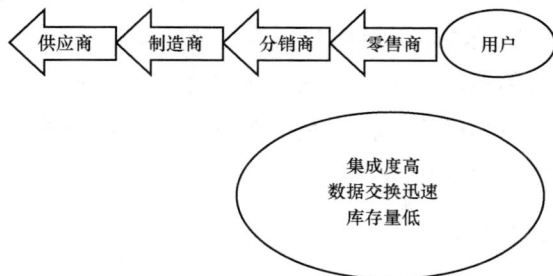

图 3-7　拉式供应链

（三）供应链管理的作用

供应链管理是参与供应链的组织之间的协调，是物流、信息流和资金流的整合，以满足用户的需求，提高供应链的整体竞争力。

供应链管理的作用在于以下几点。

（1）根据客户需求考虑对成本有影响的单元。单位包括原材料供应商，制造商，仓库，配送中心和分销商。但实际上，在供应链分析中，需要考虑供应商的供应商和客户的顾客。

（2）提高供应链的整体效率和系统的成本效益，使系统的总成本降到最

低。供应链管理的关键不在于最小化供应链成员的运输成本或减少库存，而在于采用系统的方法协调供应链成员，使整个供应链的总成本最小化，使整个供应链系统运行最为平稳。

（3）联合供应商，制造商，仓库，配送中心和分销商。供应链管理注重供应商、制造商、仓库、配送中心和分销商的有机整合，因此它包括企业活动的多个层面，包括战略层面、战术层面和运营层面。

（四）供应链管理内容

供应链管理主要包括供应商对物料（零部件、成品等）和信息的计划、合作、控制。供应链管理的目标是提高客户服务水平，降低总交易成本，并寻求两者之间的平衡。

供应链管理可以分为功能领域和辅助领域。功能领域包括产品工程、产品技术保证、采购、生产控制、库存控制、仓库管理、分销管理。辅助领域主要包括客户服务、制造、设计工程、会计、人力资源、市场营销等。

供应链管理不仅关注供应链中物料实体的流动，而且关注物流总成本（从原材料到最终产品的成本）与客户服务水平之间的关系，因此，供应链的各个职能部门应该有机地结合起来，最大限度地发挥供应链的整体实力，实现供应链企业集团效益的目标。

（五）供应链管理流程

供应链管理流程主要包括：

（1）分析市场竞争环境，识别市场机会；

（2）分析客户价值；

（3）确定竞争战略；

（4）分析企业核心竞争力；

（5）评价和选择合作伙伴。

二、跨境电商供应链管理

（一）跨境电商供应链概念

跨境电子商务供应链是利用跨境电子商务供应链进行跨境电子交易、跨

境物流、跨境供应活动，然后将供应商、海关、物流和终端消费者等连接成一个功能完整的网络链。

跨境电商供应链过程如图 3-8 所示。

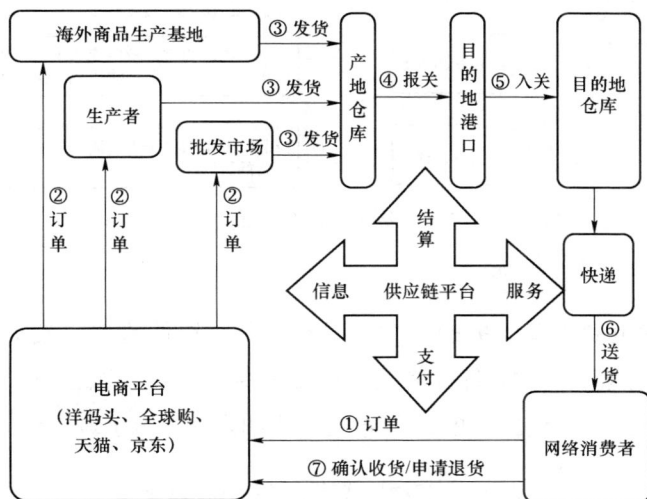

图 3-8　跨境电商供应链过程

跨境电商供应链管理的优势有：

（1）更个性化的服务；

（2）独特的管理方式；

（3）高度共享和集成的信息系统；

（4）高效的营销渠道。

（二）跨境电商供应链管理流程

1. 供应商

跨国电子商务企业现有供应商主要分为经销商/代理商供应模式、制造商直接供应模式、海外商超供应模式和买方代购模式四种类型，如图 3-9 所示。

2. 物流

跨境电子商务主要采用两种送货方式：海外直邮方式和保税仓库送货方式，相当于"保税仓库＋国内物流"和"自建跨境物流＋国内物流"两种物流方式。

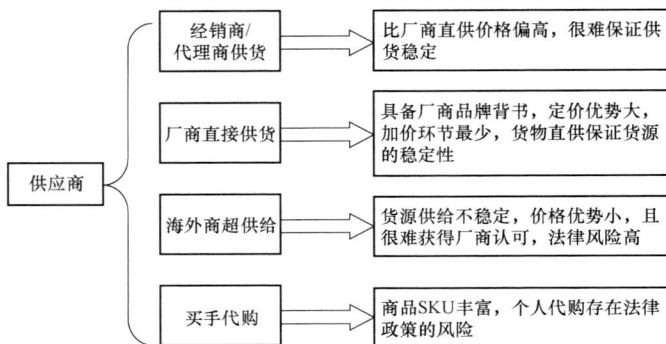

图 3-9 跨境电商供应商类型

3. 通关

国内跨境电商进口业务的通关模式有三种：快件清关、集货清关、备货清关。其中，对集货清关、备货清关的跨境电商企业征收综合税，走 BC 通关，要求三单统一。三种模式下的通关方式对比如表 3-3 所示。

表 3-3 三种模式下的通关方式对比

通关模式	优势	劣势	适合业务	有无海关单据
快件清关	比较灵活，有订单才发货，不需要提前备货	申报品名要求高，物流通关效率较低、量大时成本会增加	企业创业初期，业务量少	无
集货清关	无需体验备货、相比快件清关，物流效率高，成本低	需在海外完成打包操作，成本高，海外发货物流时间长	业务量迅速增长的企业，每周有多笔订单	无
备货清关	需提前批量备货，国际物流成本最低，通关效率最高，可及时响应售后服务要求	使用保税仓降低仓储成本，备货会占用资金	业务规模较大、业务量稳定的企业	有

4. 选品策略

选择的重要性本质上决定了跨境平台的命脉。平台在选择时，首先要考虑的是能否在中国引发热销；至于能否在实际操作中得到一个好的代理商，除了物流通关政策之外，还能产生多少利润空间，创造出高质量的爆炸式增长，或者在消费者达成共识之后达成的市场操作。跨境电子商务产业经历了从野蛮增长到洗牌的过程，而供应链一直是跨境电子商务发展的命脉。未来，该行业将向选择、物流、支付等多个方向规范化、再生化发展。

5. 支付

支付环节是真正产生现金流的环节，因此，从供应链的角度来看，以不同货币向海外买家收费和使用当地支付方式是高效、安全和方便的，跨境电子商务是控制和优化资本流动的重要组成部分。网络支付是跨境电子商务的基础设施，是促进电子商务国际化的必要支持。我国的跨境支付市场可以分为两类：第一类是国内第三方支付机构，主要涉及跨境网上购物、支付宝等出口电子商务市场；第二类是国内传统金融机构，凭借其强大的银行网络，它们不仅支持跨境网上购物和出口电子商务，而且还覆盖海外业务市场，如银联提款和信用卡消费等，提供全球网上支付服务，如 PayPalo，我国的跨境电子商务也主要通过上述两类企业的支付服务来完成支付链接，特别是第三方支付的应用大大提高了跨境网上购物的交易效率，深受消费者的青睐。在这样的市场环境下，有效管理多种支付方式已成为跨境电子商务必须面对的又一挑战。

（三）跨境电商供应链管理策略

1. 跨境电商供应链的整合战略

跨境电子商务供应链结构长、周期长，涉及多个第三方，导致供应链效率低下，影响最终用户的购物体验和整个供应链的竞争力。为此，一些强大的跨国电子商务可以选择供应链整合策略，多环节联系在一起，统筹规划，实现供应链的高效运作。亚马逊是跨境电子商务供应链整合战略的主导者。亚马逊几乎整合了其供应链的所有方面。从供应商（当地的亚马逊网站），到物流仓储服务，到跨境支付，到最终的零售平台，所有这些都由亚马逊建立的系统控制。亚马逊还建立了一个庞大的实时跟踪物流信息系统。因此，亚马逊的供应链非常高效，客户体验也非常好。对于大型国内跨境电子商务，应借鉴亚马逊的供应链整合策略。例如，京东（JD.com）是中国领先的电子商务企业之一，在供应链管理方面做得很好。京东可以通过建立海外仓库和保税仓库网络，培育自己的国际物流，以整合跨境供应链，将国内经验扩展到跨境供应链。

2. 跨境电商供应链的协同战略

跨境电子商贸供应链仍在建设阶段，其商品来源主要来自海外在线和离

线零售企业或制造企业。跨境电子商务仍然相对独立于这些公司。跨境电子商务可以采取供应链协调策略，通过收入共享合同，按一定比例向供应商分享收入，以换取较低的采购价格。较低的购买价格导致更多的市场份额和提高跨境电子商务的盈利能力。同时，销售收入的增加加上收入补贴，供应商也可以获得更多的收入。供应链协调策略还有助于降低市场价格，有利于跨境电子商务竞争的发展。

3. 跨境电商供应链的分散化战略

面对国际政治经济形势的突变，跨境电子商务在优化供应链时也应考虑风险管理。跨境电子商务的风险来自多方面。分散的供应链战略有助于降低跨境电子商务的风险。当风险发生时，分散的战略布局使损失最小化。供应链地方分权的策略包括：从单一供应商结构到多元化供应商结构，从集中式仓储网络到分散式仓储网络，从单一市场结构到多元化市场结构。可以发现，两端供应链结构下的分散化战略更加分散，更加多样化，仓储物流网络更加复杂。

第三节　跨境电商进口通关便利化

进口清关问题比出口问题复杂得多，各国对进口贸易的控制都更加严格。传统国际邮件的进口通常仅限于居民之间相互寄送个人物品，没有电子手段进行监督。如果所有跨境 B2C 进口品都通过传统邮件通关，没有电子证书，就难以充分监测电子邮件的数量，容易造成走私逃税。同时，海关进出口监管模式和力度不统一，存在着检验模式、检验力度和检验效率之间匹配等盲点。根据一般贸易海关的规定，现有的报关、检验程序只适用于 B2B 大宗货物，不适用于"小批量、杂项、单多"的 B2C 模式。因此，跨境电子商务的海关监管模式应运而生，即直接采购和保税。

根据贸易和物流特点的分类，海关一体化有 5 种类型：海关一体化、领土申报、过境和区域海关一体化。区域通关一体化也可适用于特殊海关监管区域和保税监管场所。目前，许多外贸企业已经很好地利用了它，而跨境电子商务已经与保税区和特殊监管区密切相关，有必要了解区域一体化通关。目前，内地已在京津冀、长江经济带、东北地区、丝绸之路经济带、泛珠江

三角洲区域五大区域通关一体化。

一、海关及进口查验

海关的基本职能包括税收征管、出入境监管、保税监管、进出口统计、稽查、知识产权海关保护、打击走私、口岸管理等，跨境电商涉及的就是进出境货物的监督管理。

与跨境电子商务相关的是商品检验。边防检查主要检查出入境人员及其携带的物品，安全检查主要检查非法物品，保障交通安全。既然是监督管理，那么就有必要对商品进行检验，商品检验就是对质量卫生进行检验，拥有否决权，不合格者不得入境。海关检查是确定申报的真实性，包括货物的分类、价格和来源信息、国家税收和贸易管制措施的实施等。因此，海关检验相对复杂，在报关和检验放行阶段，只要海关人员在进行人工报关检验时，认为报关内容不明确或有任何疑问，可以手工发出订单，检查货物是否与单件货物一致，就会发出贸易类别的"海关检验通知书"，但对邮件、快递，以及跨境电子商务等小件进行装配线直接操作。检验可分为人工检验和机器检验，可以抽查或彻底检验。海关将根据公司清关历史、信用等级、货物风险等因素调整检验比例和控制策略。2014 年，"简政放权"，海关总署取消了"报关员"资格审批，只要备案即可。总之，进口报关环节非常重要，无论哪个渠道都必须"按时、诚实、规范"。个人行邮物品申报查验法律责任示意图如图 3-10 所示。

二、进口通关模式

在跨境电子商务出现之前，邮政、快递和贸易是合法通关的三种类型，水上旅游、灰色通道和走私等非法渠道也存在。随着进口包裹数量的迅速增加，相当数量的跨境电子商务进口商品上扣上了"灰色海洋"的标签。对清关过程中几乎每张船票上都要检查的货物和个人财物，经海关检查符合有关规定的，海关应当在申报表上加盖放行印章，但不排除为逃税而少报货物价值。邮件申报检查程序比较简单，海关对个别邮件进行随机检查，通关随机检查率只超过"自用、合理"标签等情况，申报纳税等海关手续。由于人、物、效等因素的影响，海关无法对每一个零碎的包裹进行拆箱检查，判断货

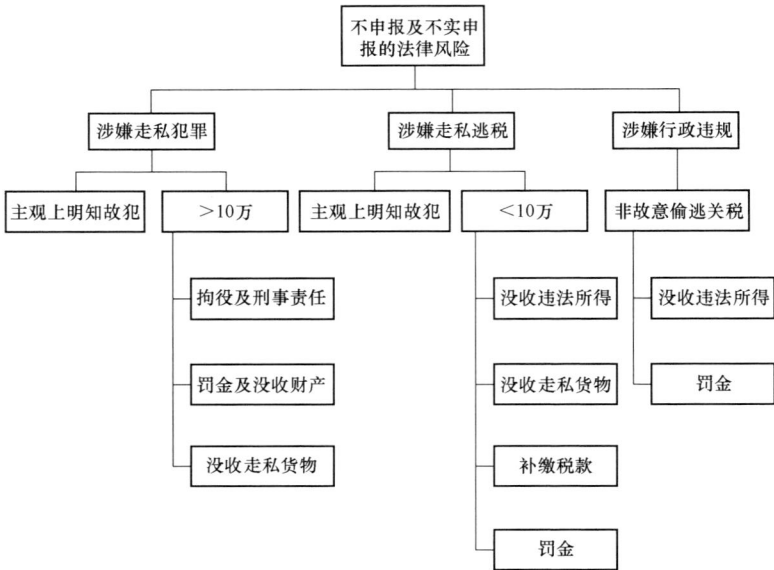

图 3-10　个人行邮物品申报查验法律责任示意图

物的价值，判断货物的种类是否符合规定要求，也无法判断是个人使用还是转售，因此，包装袋有一个全面的抽样率，也就是说，一些电子邮件包裹可能不会被征税，就是基于这些漏洞形成的"灰色通关"。

六种进口货物形式如图 3-11 所示。

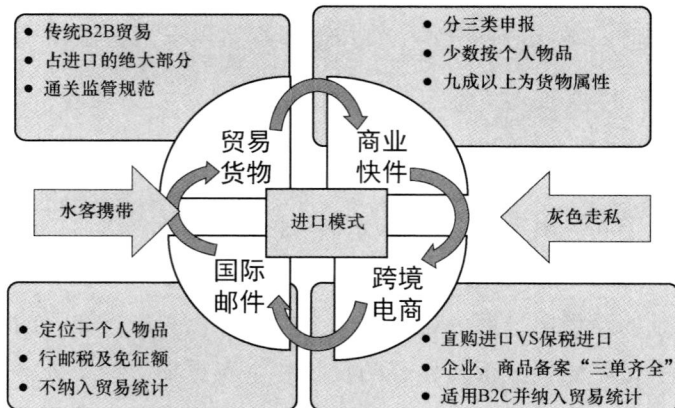

图 3-11　六种进口货物形式

每个国家的海关都有"货物"和"货物"两种进出口实物货物，按"是否有贸易属性"区分，分为不同的监管框架和制度流程、申报要求、进口关

税税率和法律责任。进境商品通关的基本原则是个人货物免税、减税，贸易货物在符合国际贸易规则的前提下合理纳税。B2B 贸易模式下的货物监管通常是"一关三检"。海关根据不同货物征收关税、增值税和消费税，商品必须申请商检、动植物检疫和卫生检疫，必须提供证件，必须缴纳税费，海关监管的税收风险更多的在于货物不符合报关单，通过企业信用管理和抽查规避。物品受邮政（行李、邮件）监管，个人物品进口应当如实申报，原则上应当按照法律规定自行申报，个人按照规定享受免缴邮政税，但在"自用、合理数量"的规模上，过境被视为"货物"。

跨境电子商务不是一般贸易，因为进口方是消费者，消费者并不购买商品进行贸易或转售，而是为了自己使用，但跨境电子商务也不是个人发送的物品，电子商务是一种进口贸易销售行为，现有的个人物流监管过程不能适应如此大的规模。海关总署通知 2014 年关于监管进出境货物跨境贸易电子商务的第 56 号通知实施后，标志着跨境电子商务合法化、跨境电子商务享有税收优惠和新的通关便利化。跨境电子商务两种入境清关模式"直接购买和保税"都是以电子方式为基础的。海关将电子商务、支付、运输渠道与仓储企业系统对接、多方合作、信息共享、使用企业、货物、用户等信息备案，"电子商务企业提供的报关单、支付企业提供的支付清单、物流企业提供的物流运单"三个信息清单一步到位，自动合成清单并向海关集中申报，跨境电子商务进口实现"报关、检验、放行"。在新的模式下，跨境电子商务的全部信息将对政府和海关透明，使居民更容易在海外购物，并实现进口零部件的阳光纳税。利用大数据实现政府管理的科学化、透明化、规范化。

三、跨境电商行邮税计算

行邮税，是行李和邮政货物进口税的简称，是一种关税、进口增值税和消费税三种税种的组合替代税。"旅行"是指旅客入境时携带的行李和物品，"邮政"是指通过邮政渠道从国外寄往该国的物品。在跨境电子商务直邮业务中，涉及的是"邮政"而不是"线路"。由于它是针对非贸易货物，税率一般低于同类进口货物的综合税率，开征邮政税，其他税种不开征。

行邮税只针对个人非大宗物品，根据海关相关条例规定，对超过海关总署规定数额、但仍在合理数量以内的个人自用进境物品进行归类、确定完税

价格和使用税率，进而征收行邮税，税额若不超过 50 元，行邮税是免征的。

行邮税的计算公式较为简单，不同物品的税率不一样。为了保持与贸易及跨境电商综合税之间的平衡，海关总署 2016 年第 25 号公告（"进境物品归类表"和"进境物品完税价格表"）确定，税率由原来划分的四档改为三档，略有提升。公告中的两个表，就是对进境物品进行归类并确定完税价格和适用税率的标准。个人邮寄物品进口的规定如表 3-4 所示。

表 3-4　个人邮寄物品进口的规定

原则		个人自用、数量合理
限值		中国港澳台地区 800 元、其他国家和地区 1 000 元，超过限值且 单件不可分割的可按个人物品办理
起征		≥50 元
计算公式		税款＝完税价格×税率
税率	13%	音像、手机、电脑、家具、食品、饮料等
	30%	纺织品、服装、鞋靴箱包、家电厨卫、自行车、玩具、钟表等， 及其他两档之外的物品
	50%	珠宝、首饰、高档钟表、烟、酒、彩妆、香水等
完税价格		具体遵照"进境物品"完税价格表，没有在列的按相同物品 同来源地最近时间的市场零售价

通常，国内消费者因旅游、出差、留学等原因去到国外，在国外顺手为自己或亲朋购买东西然后携带进入国内，即所谓的"人肉代购"，都是以出入境旅客行李的名义通关进境的，根据海关总署 2010 年第 54 号文"关于进境旅客所携行李物品验放标准有关事宜"，免税额度为 5 000 元。根据财政部《口岸进境免税店管理暂行办法》，允许个人在口岸进境免税店增加一定数量的免税购物额，连同境外购物额总计不超过 8 000 元则享有进境免税优惠。海关要求这种随身行李的物品，以"自用、合理数量"为限，超出这个限度的就需要办理手续和交进口税。事实上，各海关人力有限，除了深圳、珠海等边境口岸，常规过关检查相对弹性，很难对低频进出境的个人造成太多影响。海关总署 2010 年第 43 号文"关于调整进出境个人邮递物品管理措施有关事宜"规定邮寄进关的物品都应纳税，只是自用、合理、经核算税额在 50 元以下等这些条件下予以免征。海关核算标准并非按照采购小票上的价格，而是依据

"进境物品完税价格表"。超出规定限值的，按照规定，应办理退运手续或者按照货物规定办理通关手续。

跨境电商零售进口商品从 2019 年 4 月 8 日起不再按邮递物品征收行邮税，改为按货物征收关税、进口环节增值税和消费税。

根据跨境电子商务零售进口税收政策，个人单笔交易限值人民币 5 000 元，个人年度交易限值人民币 26 000 元。在限值以内进口的跨境电子商务零售进口商品，关税税率暂设为 0%；进口环节增值税、消费税按法定应纳税额的 70% 征收。计算规则如下：

税费 = 购买单价 × 件数 × 跨境电商综合税率

跨境电商综合税率 = [(消费税率 + 增值税率)/(1 − 消费税率)] × 70%

注：优惠券仅可抵扣商品金额，运费需缴纳税费。

对于自己海淘并通过转运公司或者直邮的个人适用行邮税，需要注意的是海关征税并不完全按单子上报的价格征收，一般按行邮税表的完税价格（完税价格 = 货物价值 + 运费 + 保险）来计算。

国务院关税税则委员会于 2019 年 4 月 8 日发出通知，宣布从 9 日起下调一系列日用消费品的行邮税税率。

调整后，行邮税税率分别为 13%、20%、50%。适用于 13% 一档的物品包括书报、食品、金银、家具、玩具和药品。适用于 20% 一档的物品包括运动用品（不含高尔夫球及球具）、钓鱼用品、纺织品及其制成品。适用于 50% 一档的物品包括烟、酒、贵重首饰及珠宝玉石、高档手表、高档化妆品。

不是所有进境物品进口税税目 1 的药品都按 13% 征行邮税。通知对税目 1 "药品"的注释做了修改：对国家规定减按 3% 征收进口环节增值税的进口药品（目前包括抗癌药和罕见病药），按照货物税率征税。

第四章 跨境电商海外仓管理

第一节 海外仓概述

一、海外仓兴起的原因

（一）跨境贸易电子商务的迅速发展

返还和交换在国内网上购物比较普遍，国外买家和国内买家的心态是一样的，但是也想把买到的东西送到手里，不满意就可以轻易返还和交换，那么如何解决这个问题呢？答案是走出去，提供与国外电子商务相同的本地服务，充分利用中国制造业的优势参与国际竞争，这将是跨境贸易电子商务实现可持续发展的关键。而实现本地化服务的关键之一就是在海外建立仓库。

所以，海外仓将会成为电商时代物流业发展的一个必然趋势。采用海外仓主要有以下几个方面的好处。

第一，海外仓的投程将零散的国际小包转化成大宗运输，会大大降低物流成本。

第二，海外仓能将传统的国际派送转化为当地派送，确保商品更快速、更安全、更准确地到达消费者手中，完善消费者跨境贸易购物体验。

第三，海外仓的退货处理流程高效便捷，适应当地买家的购物习惯，让买家在购物时更加放心，能够解决传统的国际退换货的问题。

第四，海外仓与传统仓储物流相结合可以规避外贸风险，避免因节假日等特殊原因造成的物流短板，从而提高我国电商的海外竞争力，真正帮助电

商提供本土服务，适应当地买家的消费习惯。

（二）跨境电商根据企业自身需求转型建仓

第一，跨境电子商务与国内电子商务的最大区别在于商品在国外的销售，不稳定的物流系统是一个重大挑战。无论是企业还是个人电子商务，要发展业务，不仅要维护自己的电子商务平台，还要降低成本，提高交货效率，规避海外存储风险。在早期阶段，只要卖方将大量货物运往海外仓库，就会有专门的海外仓库人员代表商家处理后续事宜，如在线处理发货订单，一旦下单，捕获、包装、邮寄、发货等一系列物流程序就可以立即完成，从而为新产品的开发节省时间和精力，从而获得更大的利润。

第二，在海外市场，通过在当地运输货物更容易获得买家的信任。大多数传统买家相信快速的本地服务。当价差较小、国内配送速度较快、安全性较高时，他们更愿意选择有海外仓库的货物。特别是在黑色星期五和圣诞节这样的购物旺季，订单激增，跨境配送效率受到影响，丢失包裹的风险增加。此外，各国海关的抽查政策也变得更加严格，例如，在通过意大利和西班牙海关时，包裹很容易被扣押检查，从而延误了交货时间。而速度的快慢直接关系到买家的满意度，买家满意度的下降会威胁到卖家的信誉。因此，越来越多的国内卖家意识到应该选择海外仓库。海外仓储不仅可以"前置"跨境电子商务贸易中的物流风险，而且可以提高客户满意度和交易量。一旦卖方的声誉和评价提高，营业额也会增加。

第三，除了本地发货的可信度和时效性，海外仓储及其配套系统也能给卖家带来更好的跨境贸易购物体验，节省更多的时间，减少出错率。

（三）海外仓的数据化物流体系带动跨境电商产业链的升级

根据美国已有的经验，许多海外仓已采取数据化、可视化的运营方式。我国可效仿这一模式。从长远来看，数据化物流日趋完善将进一步带动跨境电商产业链的升级。通过数据管理物流，分析流程中的时间点数据，有利于卖家在配送过程、成品发货流程等方面找出问题，在供应链管理、库存水平管控、分销管理等方面提高效率。

二、海外仓的选品思路

（一）适合海外仓的产品

适合用海外仓的产品主要如下。

1. 尺寸、重量大的产品

由于这些产品用小包、专线邮递的话，规格会受到限制，使用国际快递的费用又很昂贵，而使用海外仓的话会突破产品的规格限制和降低物流费用。

2. 单价和毛利润高的产品

这是因为高质量的海外仓服务商可将破损率、丢件率控制至很低的水平，为销售高价值商品的卖家降低风险。

3. 货物周转率高

周转率高的货物也就是我们常常所说的畅销品。对于畅销品来说，买家可以通过海外仓更快速地处理订单、回笼资金；对于滞销品来说，占用资金的同时还会产生相应的仓储费用。因此，相比之下，周转率高的商品会比较适合使用海外仓。

海外仓也是有特定的风险的，因此我们建议卖家应该根据其产品的特点、销售的情况、自身的实际情况来决定是否采用海外仓。

（二）海外仓选品思路的构建

海外仓选品的思路主要从以下四个部分来构建。

1. 确定在哪个国家建立海外仓

一方面，我们在建仓的时候要选择可以覆盖周围市场的地方，比如美国覆盖加拿大，而如果欧洲仓有五个地方可以选，任选一个就可以了；另一方面，针对商品专供哪一个国家来选。还可以通过选品专家热销词来参考海外仓选址。

2. 了解当地国家的买家市场需求

可以从当地电商平台了解和调查当地买家对商品的需求从而决定如何选品。

3. 在国内寻找类似产品，开发海外仓产品

开发指标可以根据产品的单个销量、单个到仓费用、单个毛利及毛利率、

月毛利、成本收益率。以上这些指标根据国内市场销售情况来确定哪些是热销品，是否适合目标市场。

4. 运用数据工具选品

选产品可以运用已有的数据工具，主要可以参考的工具有数据纵横中选品专家的热销词、热搜词；搜索词分析中的飙升词。具体的数据由选品专家下载，关注成交指数大、购买率小、竞争指数小的产品词。另外还可以选择一些其他的第三方工具用来寻找打造爆款的主力词。

第二节　常见的海外仓模式

根据我国消费品跨境电子商务出口贸易的现状和目前国外仓储业务的实践，将我国消费品跨境电子商务出口贸易的海外仓储建设和运作模式分为亚马逊FBA模式、出口企业自营仓储模式、第三方海外仓储服务模式。此外，随着边境贸易的快速发展，边境贸易和边境仓库也突出了重要作用。本节重点讨论上述模式。

一、亚马逊物流

亚马逊公司是美国最大的一家网络电子商务公司，位于华盛顿州的西雅图。是网络上较早开始经营电子商务的公司之一。亚马逊成立于1995年，最开始从事书籍销售业务，现在则扩展了范围，涵盖相当广的其他产品，如DVD、音乐光碟、电脑、软件、电视游戏、电子产品、衣服、家具等。

亚马逊物流（FBA），就是指卖家把自己在亚马逊上销售的产品库存直接送到亚马逊当地市场的仓库中，客户下订单，就由亚马逊系统自动完成后续的发货。

除作为在线零售商的角色之外，亚马逊突出平台职能的典型事例是，2007年引入了FBA服务，即亚马逊将自身平台开放给第三方卖家，将其库存纳入亚马逊全球的物流网络，为其提供拣货、包装，以及终端配送的服务，亚马逊则收取服务费用。

FBA能提供几乎所有FBA仓库的到门服务，对于遍布在美国、欧洲、日本、加拿大的FBA仓库，提供独家开发的路线给亚马逊卖家，有经济型、快

捷型服务供客户选择。

使用 FBA 的卖家需要支付一笔费用将其产品存储在亚马逊的物流中心，FBA 卖家也能因此享受到亚马逊的物流配送服务。

当顾客购买了卖家的 FBA 产品时，亚马逊会收到该信息，从货架上挑选货物，包装并运送。亚马逊还会为所有 FBA 产品提供客户服务。亚马逊的 FBA 费用会涵盖这些服务，而这些费用是根据所销售商品的尺寸和重量确定的。另外亚马逊还收取短期和长期的存储费用，所以物品储存在 FBA 库存中的时间越长，卖家将承担的费用也就越多。

FBA 模式就是跨境电商出口企业把自己的产品放到亚马逊的跨境电商平台上销售，所销售产品的库存也直接送到亚马逊在进口国当地市场的仓库中，一旦进口国客户在亚马逊电商平台上确认购买订单，即由亚马逊的物流配送系统自动完成后续的发货、送货等具体物流操作。FBA 模式的特征如下。

1. 建仓成本低，见效快

对于跨国电子商务出口商来说，FBA 模式的最大优势在于它可以直接利用亚马逊在全球建立了一个非常成熟的仓储和配送系统来解决仓储成本问题。他们不仅不需要投资海外固定资产，也不需要派驻海外人员，而且可以节省海外仓库建设和管理的大量成本，几乎没有业务建设周期，业务发展迅速，见效快。

2. 受制于平台，商品类别和服务拓展受限

对于出口企业来说，FBA 模式受平台的约束太大。跨境电子商务出口商使用 FBA 海外仓储模式的先决条件之一是，产品必须依赖亚马逊的跨境电子商务平台进行销售。亚马逊的跨境电子商务平台受到其销售产品类型和客户基础的限制，亚马逊对其电子商务平台上销售的商品和仓库中的商店有很多规定，只要不符合相关规定和要求，消费品跨境电子商务出口商就不能使用 FBA 海外仓库模式。例如，对于一些易燃易爆物品，亚马逊仓库是不被接受的。此外，亚马逊对其客户的线下"实现"进行了标准化，以降低管理成本，简化业务操作，如果消费品的跨境电子商务出口商想要为终端客户开发一些个性化的物流配送服务，以满足客户的多样化需求，改善他们的消费体验，

依赖 FBA 模式往往是不可能实现的。

3. 一条龙服务，方便快捷

亚马逊的海外仓储系统可以为跨境电子商务出口商提供一站式的海外物流服务，包括仓储、拣选、包装、配送、收集、售后客户服务、退换处理、礼品包装等。亚马逊海外仓储物流平台每年 360 天，7×24 小时不间断加工订单发货，消费品客户非常方便地购买心理需求和购买行为需求，它可以大大提高跨境电子商务出口企业的国际物流服务质量，简化跨境电子商务出口企业销售商品的物流管理。

4. 低出货率导致高仓储成本

FBA 模型的仓储成本具有很强的时间正相关性。亚马逊的仓储服务收费主要包括仓储费、产品佣金、入库后的仓储费等，根据亚马逊仓库存货的时间，每月每平方米约 120 元；产品佣金为亚马逊电子商务平台上销售商品价格的 15% 至 26%，或每件商品不到 300 美元，还会有订单处理、包装等服务的附加费用。我国跨境电子商务出口企业的货物在亚马逊跨境电子商务平台的装运速度和存储时间将直接影响到存储成本，进而影响出口利润。一旦商品滞销，运费低，在亚马逊存储时间过长，就会导致存储成本急剧上升，甚至超过低价商品本身。

二、出口企业自建仓

出口企业自建仓模式指跨境电商出口企业自行在主要进口国境内投资建设仓储公司，完成海外仓储、通关、报税、物流配送等一系列业务环节。通常情况下，往往都是那些具有相当业务规模的出口卖家，具备采用自建仓模式的能力。出口企业自建仓模式最大的优点就是业务自由度高，最大的不足之处就是建仓与运营难度大。出口企业自建仓模式特征如下。

（一）仓储容量大，适用货物类型广

企业在进口国境内自建仓库，可根据海外市场需求数量和特点，选择仓库设置地点、仓储容量等。有条件的企业可采用第三方物流直供，实现零库存，降低成本，降低成本。仓储货物类型和周期均不受其他业务关联方约束，跨境电商出口企业可以完全自由地处理相关事务，方便而及时地满足进口国

批发商的进货需求。这样有利于保证产品质量，提高产品在国际市场上的竞争力，提高企业的经济效益例如，辽宁葫芦岛的泳装产业已经在海外成功自建了 10 个海外仓，可根据欧美泳装消费的淡旺季调整库存，预先存贮大量不同款式和型号的泳装，待市场需求启动时，第一时间把产品投放市场，抢占销售先机。

（二）建立立足点，业务拓展灵活便利

在进口国境内建设仓储基地，需要消费品跨境电商出口企业在进口国境内注册法人并依法取得进口权限。企业在海外建有立足点，方便根据业务量及公司经营战略进行调整，基于进口国投资者资源优势，利用其仓储所在地的资本、人力资源、业务合作伙伴等，及时调整业务运作模式，实施多样化经营管理，加快推动出口企业的成长和发展。该模式可满足跨境电商企业提前从国内外采购商品入区，并按不同状态备货，减少企业多点设仓带来的成本压力。同时，方便的交易模式，也为企业提供了一种全新的物流采购和销售体系，可以及时地销售或采购相关的商品，稳定的生产和销售关系。

（三）树立品牌形象，方便发挥品牌效应

在海外目标市场自建仓储系统，可以树立企业高品质的品牌形象，有助于拓展出口市场，向进口国的经销商和消费者展示企业资产的实力。出口企业可以充分利用仓库空间的设计和展示，将企业或产品的 LOGO 画在仓库的外观上，在消费者市场上形成局部的广告效应，从而带来企业产品的品牌溢价。

（四）建设成本高，运营风险大

对于跨境电子商务出口商而言，在海外建立自己的仓库最困难的是高昂的建筑成本和作业风险。建立海外仓库相当于在进口国建立新的企业，建立仓库初期所需的资本投资较大，而且其业务涉及两国海关、法律、金融、税务等琐碎问题。如果出口企业的消费品海外销售不足，就不能形成规模优势，反而会增加个别产品的国际物流和仓储成本，因为自建仓库投资过多，直接影响其在国际市场上的竞争力。

（五）跨国经营管理要求高，人才短缺

跨境电子商务出口商在海外建立自己的仓库的另一个关键问题是缺乏管理其跨境业务的人才。企业在海外仓储和物流配送方面，无论是在我国自己的国际仓储和物流管理人员，还是在海外本土化管理方面，都面临着人才短缺、供需不足的问题。由于仓库建设成本高，商品种类和数量自由，自营仓库模型只适用于两种类型的消费品。

第一类是具有良好品牌效应的易耗性消费品大型出口贸易商。此类跨境电商企业出口的商品短期内消费数量大、品种多，消费者对物流配送速度要求高，其采用的自建仓模式能够较好地适应目标国消费品市场需求，并且能够巩固自身品牌形象，发挥品牌的市场影响力。

第二类是已经开展跨国经营的大型国内消费品生产企业。这些企业不仅已经具备了国际化经营所需的人力资源，而且积累了相关的管理经验，甚至在目标国家设立了分支机构或子公司，最终形成了公司的全球产业链一体化，自营仓库模式完全可以满足公司全球战略和布局的需要，母公司也有能力建设海外自营仓库、资源和条件。这些都符合公司转型战略的发展规划，对公司的可持续发展起到积极的推动作用。

三、第三方海外仓

第三方海外仓储服务模式介于企业自营仓储模式和 FBA 模式之间。特别是跨境电子商务出口企业与进口国的当地专业仓储或物流公司合作，进口国的当地仓储物流公司将以长期和专业的方式提供海外仓储物流和配送服务。第三方海外仓储服务模式兼顾了前两种模式的优点，业务应用广泛，存在的问题较少。第三方海外仓储服务模式的特点如下。

（一）建仓成本低，物流管理风险小

第三方海外仓服务模式通常采用两种建仓方式。

第一种方式是跨境电子商贸出口商直接租用进口国第三方物流公司现有的海外仓库，利用第三方物流公司本身的管理资讯系统、人力资源及进口国的商业网络，管理出口货物的仓库及分销，跨境电子商贸出口商需要向进口

国的第三方物流公司支付仓库成本及物流运作成本。

第二种方式是跨境电商出口企业与进口国境内的第三方物流公司合作建设海外仓，成立一个新的仓储物流企业，由跨境电商出口企业投入资本、设备等，进口国第三方物流公司提供仓库、人力资源、服务网络等，双方共同管理和运营，这种方式下，跨境电商出口企业仅需支付货物的国际物流费用，无须负担进口国境内的物流费用。

无论什么样的第三方海外仓库，都可以帮助跨国电子商务出口企业解决进口国的本土化经营的问题。直接利用进口国现有的物流服务网络，可以使物流配送企业在非常短的时间内就能够形成服务供应，从而大大降低运营风险和运营成本，使物流配送企业能够形成短期的服务供应。

（二）服务质量和选址受制于第三方

跨国电子商务出口企业选择建立第三方海外仓储服务模式，必须依靠进口国第三方物流公司的服务网络和管理经验，第三方公司的物流覆盖网络、物流节点位置、物流服务和管理水平将直接影响跨国电子商务出口商实施海外仓储战略的最终经济效益。一旦跨境电子商务企业选择了第三方海外仓库，就意味着它们的第三方物流节点和网络资源要依靠整体。服务质量和选址受制于第三方，服务质量自然难以保证，而服务能力和服务水平的高低已成为消费者选择品牌的关键因素之一。一旦进口国的第三方物流公司出错，跨境电子商务出口企业的售后服务质量就无法满足客户的需求，这将对跨境电子商务出口企业的品牌造成严重的负面影响，如果能在进口国找到一家高质量的第三方物流公司进行合作，跨境电子商务出口企业不仅可以解决商品的物流问题，而且还可以在资金流、信息流和技术流的层面上从进口国获得额外的溢出效应。

第三方海外仓模式是最近兴起的新模式，在目标国境内经由第三方为客户提供消费品。在这种模式下，贸易公司必须承担所有与进口有关的风险和费用，例如汇率风险和融资成本。这种模式的建仓成本、风险和经营难度均介于 FBA 模式与自建仓模式之间。双方一般采取合作方式，因业务比较灵活，对跨境电商出口企业而言，拥有更为广阔的选择空间。同时，由于物流企业数量众多，缺乏专业性，导致市场反应度较低，物流运输周期较长等问题。

在通常情况下，第三方海外仓模式更适合那些已经实施品牌建设且日出货量较大的中型消费品生产企业，特别是相同产地的同类消费品生产企业形成产业联盟时，更倾向于采用第三方海外仓模式将联盟企业旗下产品以整体打包的形式运至第三方仓库，通过这种产业联盟下的物流仓储合作，实现跨境电商联盟企业与第三方物流企业的双赢。

（三）排他性合作，方便实施品牌营销

在第三方海外仓服务模式下，跨境电商出口企业往往可在合作协议中要求第三方物流公司在运输、配送方面提供排他性服务，物流配送所使用的运输工具、服务人员的衣着服饰等均能标识跨境电商出口企业的 LOGO 等信息，有助于提高跨境电商出口企业品牌的曝光率。此外，出资合作建设第三方海外仓服务模式对跨境电商出口企业和进口国第三方物流公司而言，都具有一定的战略投资意义，可为双方进一步的经营模式创新提供良好的基础。

四、边境贸易及边境仓

（一）边境贸易

1. 基本概念

边境贸易是指两国边境地区居民之间的公平贸易。边境贸易有两种形式：一是小额边境贸易，又称"边境贸易"，是指邻国为了照顾双方边境居民的需要，在边境地区（通常为边境两侧各 15 千米），允许居民在指定的边境口岸和集市进行贸易，在规定的数量和种类范围内进行少量的生活必需品和生产资料的贸易。二是地方边境贸易，即邻国为了兼顾两国边境邻近地区的建设和人民生活需要而进行的贸易，货物应在指定的商品交换区内和两国政府的国有贸易机构或指定的企业在指定的港口进行交换。

我国边境贸易具有诸多特点，比如边境贸易企业小、合同少、能力弱、市场狭窄等。我国的广西、西藏、新疆、云南、内蒙古、吉林、黑龙江等都是我国的边境贸易地区，还有老挝、越南、缅甸、尼泊尔、印度、巴基斯坦，哈萨克斯坦、塔吉克斯坦、吉尔吉斯斯坦、俄罗斯、朝鲜、蒙古都是沿边贸易，从个体户到国有贸易公司，贸易模式也从原来的易货贸易发展到现代的

无纸贸易。

2. 管理形式

（1）边民贸易。边境贸易结合中国边境贸易的实际发展，借鉴国际规则，中国边境贸易目前采取以下形式：边境地区的边民居住在距边境20千米以内，在政府批准的开放口岸或指定的集市，商品交换限额或数量。边境贸易管理办法由商务部、海关总署制定，由中华人民共和国边境省、自治区政府组织实施。

（2）边境小额贸易。目前我国境内尚未开放的所有境外商品进出口业务都属于边境小额贸易范畴。边境小额贸易是指沿着陆地边境线进行的贸易、国家批准开放的边境县（旗）、边境城市管辖范围内（以下简称边境地区）经批准具有边境小额贸易经营权的企业，经国家划定陆地边境口岸，同毗邻国家边境地区企业或者其他贸易机构进行贸易。边境地区已经进行的边民互市贸易等多种边境贸易形式之外，将来都将统一列入边境小额贸易的管理，贯彻落实边境小额贸易相关政策。边境小额贸易，商务部负责制定、国务院各部门拟定。

（二）边境仓

边境仓和海外仓差不多，所不同的是仓库在空间上的位置不同，海外仓存在输入国，边境仓又位于输入国周边国家。目前国际上普遍采用的是海外仓和边境仓相结合的模式。特指在输入国周边国家边境上修建或出租仓库，把货物提前送到这个仓库，以跨境电子商务的方式达到销售的目的，然后由这个仓库出货。边境仓储是跨境电商发展的重要基础之一。例如，我国与俄罗斯跨境电子商务交易，设仓库于哈尔滨或中俄边境中方城市。边境仓还包括边境物流中心和境外仓储机构，是国际上一种新型的跨境物流模式。边境仓有着海外仓所不能达到的优点，可避免输入国在政治，税收，货币等方面、法律和其他风险，以及区域政策的有效运用，例如南美自由贸易协定、北美自由贸易区等。

边境仓提供服务，包括接收商品，分拣、质检、打码、储存等，发运和其他系列业务，同时提供各种增值服务，包括产品称重，产品拍照，包裹拍照等、定制化包装等。

一方面，边境仓对卖方而言，减少了顾客的仓储，物流成本，顾客可将所有货物放入边境仓，通过该系统与边境仓的衔接，在平台的前端生成订单之后，向所述边境仓系统推送所述消息，由边境仓人员分拣货物，下架，包装，发货，降低顾客手工操作差错率，同时，还可以节约货物在全国范围内分配的时间，降低物流配送周期波动幅度，避免了大促过程中，国内物流爆仓给物流配送带来的冲击；另外，由于订单的快速响应，跨境电商企业的库存积压得到有效缓解。另一方面对买家而言，由于配送时间的减少，买主会得到更优质的用户体验。另外，随着跨境电商业务不断发展，消费者需求更加个性化，边境仓作为一种新模式应运而生。边仓将原来 25 天的时效缩短为10～15 天（偏远地区除外），减少客户仓储、物流和收发货的费用，减少了顾客仓储配送差错率。

通常情况下，边境仓内储存的货物均为市场供需较强、较平稳的货物，如遇滞销、销售不出去，还将通过平台部分活动解决，避免物流成本的无谓开支。

第三节　海外仓的运作管理

作为发展跨境电商重要基础物流配套设施之一，当前，欧美及一些新兴市场国家，中国公司兴建的海外仓不断涌现。随着我国跨境电子商务业务规模的扩大和国际影响力的提高，海外仓也成为越来越多企业选择的出口物流形式。与主要通过远程销售方式进行跨境直发类小包专线物流模式进行比较，海外仓发货模式下的公司，基本以海外实名注册公司为主体，税务合规和本土化运作要求较为紧迫。

当前能自建海外仓，是电商卖家，基本是大卖家居多，并均注入了部分资金。在这些资金支持下，很多企业开始着手建立自己的海外仓，以期能更好地服务于自身发展。不少电商大卖家在融资商业计划上，有相当部分开支包含布局海外仓建设。在海外仓的布局上，很多卖家会选择直接购买第三方平台提供的海外仓来进行运营。为自建海外仓电商大卖家，海外仓实际上不过是整条生意链条上的配套设施，关于海外仓自己能不能获利，并不是它的第一考量。从整体来看，电商大卖家建立海外仓的目的是更好地服务于自身

的业务发展。并对各物流企业设立第三方海外仓，盈利能力至关重要。如果没有足够的盈利能力来维持运营，那么这个平台就很难再生存下来。只有具备持续盈利能力，现金流才会健康，才能支持整个商业模式的延续。那么，如何提升物流仓储的利润呢？物流仓储作为在规模上、成本与效率间追求最优配置商业模式等，只有合适的尺度，才能减少单位操作成本，只有在软硬件设施上进行持续投资与改进，为了提高效率。同时也必须保证资金链的安全，这就是第三方海外仓所面临的最核心问题。目前，市场上 90%以上海外仓企业仍处在持续投资阶段，没有见到太大的利润。大部分都是"满负荷运转"，而不是像国外仓那样"满载而归"。"满载而归，满负荷运行"已经成为很多海外仓运营过程中出现的普遍问题。很多第三方海外仓仍然停留在货量不够"吃不饱"的状态。

海外仓发展差距较大，相当一部分海外仓无论是系统软件还是仓储自动化，都处于较初级作坊式的开发，属典型劳动密集型作业，费用大，效益差。海外仓对企业而言，不仅是一种物流模式，更是一种商业模式。目前，市场上个别海外仓盈利能力较强，它的盈利点通常来源于贴标，换标，中转等、退货及修理等系列增值服务，仅仅靠征收仓储费用利润是十分有限的。

海外仓企业以整合头程方式进行空海运干线运输、目的港清关，尾程派送资源，等等，把仓库作为节点，把更多资源与服务串联起来，为了扩大它的服务。有些公司以分包模式树立起来的"仓中仓"理念，还可以增加仓库的使用率。

我国电商产业发展，在许多方面走在世界前列。以京东仓配一体化 B2C 物流网络为案例，极致物流体验，提升运营效率，甚至电商巨头亚马逊现在也没有做到。中国企业海外仓商业模式核心竞争力研究，应该是向全国输出优秀电商仓储管理模式、软硬件设施和运营经验等，以赋能海外传统 B2B 模式仓储资源改造升级。

话说资源互补，合作共赢。随着国际经济格局不断变化，企业经营环境越来越复杂，对海外市场风险控制提出了更高要求。中国企业"走出去"，不只是产品与资金的产出，而是一种模式，一种体验，一种容量、管理与文化软实力产出。"走出去"的企业，要有全球视野，也需要本土意识和本土思维。未来竞争以适度规模为基础并以成本为代价、运营与效率之争，精细化的管

控能力就显得格外重要。税务合规化，经营本土化为基本前提与依据。

一、海外仓的规划与布局

仓库的主要内容如下：物品储存区、验收、发放作业区、管理室和生活间、辅助设施。仓库布局，即某一地区或某一库区的布局，对于仓库多少、大小、地理位置及仓库设施、道路及其他各项因素的科学规划与总体设计。它涉及仓库建筑形式、结构布置，以及设备安装等方面。仓库的布置以库区的场地条件为依据、仓库业务性质及规模、储存物品特点和仓储技术条件，用于仓库的主体建筑（库房、货棚、货场）、辅助建筑物，构筑物，货场等、站台及其他固定设施以及库内运输路线所作的整体布置与分配，为了使仓库的储存能力与作业能力达到最大化，减少各种仓储作业的成本，更加高效地发挥仓库对物流过程的影响。因此，科学、合理的仓库布局对于充分发挥仓库效能有着十分重要的意义。仓库布局由平面布局与空间布局两部分组成。

（一）仓库规划原则

仓库规划方案应该能够达到用尽可能小的代价，使商品能够迅速而准确地在仓库中流动。现代物流的发展要求建立一个高效、安全、低成本、高效益的现代化仓库，它是保证企业正常生产经营活动顺利进行的基础条件之一。实现这一目标，必须借助物流技术，信息技术、成本控制与仓库组织结构一体化战略得以实现。因此，物流规划与企业生产管理之间有着密切的关系，它既是一个理论问题又是一项重要而复杂的实际工作。仓储系统物流规划原则并非固定，要根据具体情况而定。由于每个企业所处的环境不同，其物流管理也会有所不同。在特定的场合，一些原理相互影响，甚至相互矛盾。在某些情况下，有些原则可能会被破坏或不适当地使用。才能作出最佳设计，需要对上述原则加以取舍与修正。

1. 系统简化原则

应按照物流标准化搞好包装及物流容器标准化工作，将杂货、食品、饮料，食盐、食糖、饲料和其他散装货物、形状不规则商品构成标准储运集装单位，达到了集装单元和运输车辆载重量一致、有效空间大小相配合，集装单位和装卸设备，集装单位和仓储设施，这样做将有助于仓储系统各环节之

间的协调与合作，异地中转和其他操作中不需要换装，本实用新型增加了通用性，缩短了搬运作业的时间，缓解物品丢失，破损，从而节省了成本，同时，使装卸搬运子系统得到简化，减少了系统运行维护成本，提高了系统可靠性，并提高了仓储工作效率。

2. 平面设计原则

若无特殊要求，仓储系统中的物流都应在同一平面上实现，从而减少不必要的安全防护措施，减少利用率和作业效率低、能源消耗较大的起重机械，提高系统的效率。

3. 物流和信息流的分离原则

现代物流以计算机网络为依托，物流与信息流相结合，较好地解决物流流向控制，系统作业准确率提高，从而提升系统的作业效率。若不及早将物流与信息流分开，便需要在物流系统中的每一个分上、所述合节点上均安装有对应物流信息识读装置，这样必然产生冗余度，提高了系统成本；同时，也会使物流过程中产生大量冗余数据而影响整个系统功能的正常发挥。若能使物流与信息流早日分开，对需要的资料进行一次性鉴定，然后经由计算机网络传达到各节点，即可以减少系统所需费用。

4. 柔性化原则

修建仓库，添置仓储设备，都要花很多经费。仓储成本是企业经营活动中重要的经济因素之一，也是影响企业效益高低的关键因素。为确保仓储系统的有效运行，需配置更有针对性的装备；由于物资种类繁多，不同企业对库存数量也有要求，这就使得仓储规模受到影响。以及社会物流环境发生了改变，也可能使得仓储货物的种类、规格及经营规模的变化。如果没有相应的技术保障，就会导致仓储成本提高。所以在计划的时候，应重视机械以及机械化系统的灵活性和柔性，以及仓库扩大经营规模的可能性。

5. 物料处理次数最少原则

无论采用人工方式还是自动方式，每次进行物料处理，均需耗费一定时间与成本，采用复合操作，减少一些无谓的走动，又或者引入一种可同时进行多种作业的装置，都可以减少处理次数。

6. 最短移动距离，避免物流线路交叉原则

移动距离越短，耗时越短，花费越少；避免物流线路的交叉，既可以解

决交叉物流的控制及材料的等待时间等，还能使物流顺畅。

7. 成本与效益原则

建仓库、选仓储设备都要考虑投资成本与系统效益的原则。在满足作业需求前提下尽可能地减少投入。

（二）仓库作业功能区域布局

1. 仓库作业基本功能

仓储中心功能分区包括进货区、贮存区、中转区、分拣区（可选）、流通加工区（可选）、仓库管理区、出货区等。

2. 仓库作业基本功能布置

根据当地的条件和物流需求，仓库作业功能分区布置必须对仓库各个作业区域以及区域之间的相互关系进行规划，其步骤如下。

（1）确定各个区域的关系

① 流程上的关系即建立物料流和信息流之间的关系；② 组织上的关系即建立在各部门组织之间的关系；③ 功能上的关系即区域之间因功能需要而形成的关系。

（2）确定仓库货物的流动形式

① 直线形流动适合于出入口在厂房两侧、作业流程简单、规模较小的物流作业，无论订单大小和拣货多少都要经过厂房；② U 形流动适合于出入口在同侧的仓库；③ T 形流动适合于出入口在厂房两侧的仓库。

（三）作业区空间位置布局

第一，确定仓储对外的连接形式；第二，确定仓储中心厂房的空间范围、大小和长宽比例；第三，确定物流中心由进货到发货的主要物流流动形式；第四，根据物流中心作业流程顺序安排各区域位置；第五，决定行政区与物流仓储区的关系。

1. 仓库供给与排水布局

仓库供给、排水主要是生活用水和消防用水。库区的排水包括两个方面：

（1）防洪问题，防止库外洪水冲淹仓库；

（2）库区场地排水问题，即将生活污水和雨水排出库外。

供给、排水管道在地下铺设埋入的深度，取决于库区所在地的气象条件。一般而言，北方深埋以防冻；南方浅埋，但应加固防压坏。

2. 搬运与库区布局

仓库布局需结合所选择的材料搬运设备，因为产品流程的通道将主要取决于材料搬运系统。

二、海外仓选址

（一）海外仓选址应遵循的原则

1. 协调性原则

海外仓选址应兼顾物流网络各环节，争取海外仓建成后投产使用、运营与管理均能互相配合支持。海外仓应与国内其他仓储类型相区别，选择适合当地情况的仓库地址，并且根据自身实际状况对仓库进行合理规划布局。而海外仓设计也应从不同的影响因素出发，然后采用定性和定量两种分析方法或者量化模型，选择最合适的选址方案。

2. 系统性原则

海外仓选址应有长远发展眼光，保证物流运输的综合协调，同时提高仓储能力，使得配送区域基础设施在一段时间内可以很好地服务于跨界电商企业的成长，以及系统化的物流网络的建设。

3. 经济性原则

海外仓建设成本是非常重要的，一般来说，地址大多选在地价比较便宜的路段，同时也更接近顾客或者供应商，能形成某些辐射区域。此外，由于海外仓具有较大面积，且其空间利用率高，有利于实现仓储资源的合理配置和利用，提高企业经营效益。因此，海外仓布局规划应以经济性为原则，保证经济和效率相对应，相对应。

4. 适应性原则

海外仓选址要充分研究地方经济发展趋势及潜力，同时与区域内物流资源和政策法规相结合，保证了海外配送中心超强适应性，让双方均能透过海外仓获得最佳获益。

5. 战略性原则

海外仓选址要以战略眼光为指导，最大程度地把现在和将来的发展需要统筹考虑，又要理性调研，有大局意识，让海外仓成为推动跨界电商发展的新动能。

（二）海外仓选址的流程

1. 充分做好前期市场调研工作

海外仓选址意义重大，因此首先要做好相关的信息收集工作，例如，当地国家的政治、经济发展现状及前景，尤其要掌握和了解当地消费人群的特征及市场动态与潜力。另外，还要集思广益，不仅要得到股东的支持，而且要广泛征集基层员工的想法，最终结合专家的指导，为海外仓建设调研提供信息保障。

2. 运用 SWOT 模型分析法

SWOT 模型为跨界电商海外建仓是否可行提供了关键基础，这种模式可以针对电商企业外部和内部的优势和劣势进行分析，分析认为，企业海外仓建设的机遇和威胁谁优谁劣。在得到外部机遇大于威胁，内部建仓优势大于劣势等分析结论时，则表明外部建仓是可行的，所以要集中力量增加物流资源的投入，建设海外仓，才能保证行业竞争优势长盛不衰。

3. 宏观选址

海外仓的选址要主动考虑多种宏观影响因素，如地方的政府政策、人文因素、区域经济、法律因素、地质及气候因素与战略影响因素。微观选址则是根据企业自身情况对这些因素打分，然后按照得分高低确定最终的选址。但宏观选址是对以上各影响因素打分，最后获得总分数，即将加权平均法应用于决策者，对数据进行精细化决策，以保证候选方案质量。

4. 微观选址

微观选址的目的就是确保物流成本性价比最高，在此环节中需要明确海外仓服务的具体费用成本，进而利用层次分析法对物流方案展开对比，以量化出实际耗费最小且综合实力最为可靠稳定的优质方案。微观选址注重参数、套用公式的引入，更加体现了科学的严谨和细节的力量。

第四节　海外仓技术

一、海外仓管理系统

海外仓储意味着出口跨境电商将货物全部发到海外仓运营主体的仓库，由后者进行仓储、配送甚至库存管理。这需要两者之间密切地沟通和协调，包括库存的明细、货物的种类、SKU 条码的类别、结算费用的基准等。出口跨境电商每一次发货都要预报一遍。如果出口跨境电商在自己的货物库存管理、信息技术应用等方面做得不够好，就不太适合做海外仓储。

仓库管理系统（WMS）是通过入库业务、出库业务、仓库调拨、库存调拨和虚仓管理等功能，综合批次管理、物料对应、库存盘点、质检管理、虚仓管理和即时库存管理等功能综合运用的管理系统，有效控制并跟踪仓库业务的物流和成本管理全过程，实现完善的企业仓储信息管理。该系统可以独立执行库存操作，与其他系统的单据和凭证等结合使用，可提供更为完整全面的企业业务流程和财务管理信息。

如何管理海外仓？实施海外仓管理系统是必须的。

（一）海外仓管理系统的实施要求

1. 科学合理的货架位信息

科学合理的货架位信息有利于对库存商品进行科学的养护保管，在商品的出入库过程中，根据货架位信息可以快速、准确、便捷地完成操作，提高效率，减少误差。

货架位信息应确保一个仓库的货架位采用同一种方式规则进行编号，以便于查找处理。

2. 条理化、明晰化的商品信息

商品信息的规范有利于进行库存商品的科学管理，合理的 SKU 编码有利于实现精细化的库存管理，同时有利于及时准确地拣货，提高效率，避免拣货失误。

商品 SKU 信息不完善，卖家将无法有效监控自己商品的详细库存，既不

利于分析销售数据，进行及时采购补货，配货时订单信息也无法准确显示拣货信息。

3. 跨境电商 ERP 对接海外仓管理系统

当前市场上众多跨境电商 ERP 均支持海外仓发货功能。那么，海外仓系统如何实现海外仓出货呢？就拿跨境天下的 ERP 来说，通过和海外仓管理系统的连接，订单可上传海外仓管理系统，标有海外仓的订单。然后通过海外仓系统将跟踪号上传到出口电商平台，当所述跨境天下 ERP 已经出库时，标注相应海外仓系统内订单处于出库状态，标记是已经出库之后，海外仓系统的存货随即被扣除，最终通过海外仓出货。

纵观海外仓出货的全过程，卖方可透过跨境天下 ERP，实时了解国内海外仓库存信息以及订单发货情况。买家也能根据自己的需求查询到海外仓货物情况，并及时下单购买。把货物运往海外仓的时候，也可以实现系统内国内仓和海外仓的货物调拨，既经营国内仓，又经营海外仓。

（二）海外仓管理系统的基本功能

基础功能：必须能真实地对仓库存储结构进行回馈、存储设备和所储库存位置信息。主要应用于企业对物流仓储管理过程中所产生数据的统计分析。具体体现为统计仓库仓位信息（或是别的存储单位），例如，仓位编码，仓位定位等；库存量和出库量之间是否存在关系以及数量上的变动情况。仓位自身属性信息等，例如，仓位大小，仓库的存储设备（货架、托盘、堆场等）所能承受的重量、所能给出的物理空间特性，比如恒温恒湿，防静电；还包括对仓库中的货物进行分类、标识，以及与之相关的各种数据记录。库存的存储信息是放置在什么位置上，放多放少等，而且可以从多个维度显示出来。

硬件控制功能：自动化传送设备，比如自动化上架、分拣设备；无线操作设备，如条形码、手持设备、LED 电子指示灯等。

智能功能：系统需依据某些参数或者数据，确定入库商品在什么货架上，生成仓库中的调拨需求，依据单并不仅仅局限于销售订单、生产订单的布置仓库下架，合并或划分订单，规划出最优拣配线路，拣配工作的规定和反馈，指派拣配点或者包装点，动员自动化设备，实现拣配，包装的自动化，配发

或者自动送装车月台。

二、仓储自动化与智能化

在现代物流技术中，自动化智能仓储处于核心环节，也是发展的最新阶段，适于规模大，数量多、自动化处理大流量，高速物流。它通过对物品进行自动识别与跟踪管理，并结合先进的信息技术手段，将信息传递给操作人员或管理人员，从而达到智能化控制和高效运转的目的。使物件周转速度达到最大化，流通效率达到最高，加快仓库储备资金周转速度，高效使用货物资源，并尽量减少商品破损率；能够适应低温，黑暗，有毒，污染，易爆等多种特殊的要求、易燃和其他特殊情况下的无人化。它不仅在发达国家得到广泛采用，而且已逐步向发展中国家推广，并成为未来物流系统的发展趋势。它的应用领域广泛，涉及汽车制造、医药、化工、橡胶、纺织、邮电、日用品、家电产品及其他各行业。

目前，自动化智能仓储主要分为自动化立体仓库、自动化智能货柜、自动化智能联体柜。

（一）自动化立体仓库

自动化立体仓库又称立库、高层货架仓库、自动化仓库。它是一种用高层立体货架存储物资，用自动控制的巷道堆垛起重机及其他机械进行搬运存取作业。

自动化立体仓库的主要功能如下。

（1）收货。仓库从供应商或生产车间接受各种材料、半成品或成品，供生产或加工装配使用。

（2）存货。将卸下的货物存放到自动化系统规定的位置。

（3）取货。根据需求情况从库房取得客户所需的货物。通常采取先入先出方式。

（4）发货。将取出的货物按严格要求发往客户。

（5）信息查询。能随时查询仓库的有关信息，包括库存信息、作业信息及其他信息。

自动化立体仓库的优点如下。

（1）节约场地空间，单位面积储存量为平库的 4～7 倍。

（2）节约人力成本 60% 以上。

（3）提升企业形象。

（4）改善库存管理，不留死角。

（5）智能管理，账时同步，加速仓储物流运转速度。

（6）防盗防损。

（7）衔接融入企业管理系统。

自动化立体仓库主要由以下部分组成。

（1）高层货架：用于存储货物的钢结构的单元格，在单元内存放托盘。

（2）巷道堆垛机：用于自动存取货物的设备，按结构形式分为单立柱、双立柱和四立柱三种形式。

其中，单立柱式堆垛机的机架结构有一根立柱，运行灵活方便，节省材料和空间，适用于起重量在 1 吨以下的物品。

而双立柱式堆垛机的机架结构是由两根立柱、上横梁和下横梁组成的一个矩形框架，其刚度结构好，行走稳定，载荷大，一般起重量为 1～4 吨，必要时可更大。

（3）输送系统：立体库的主要外围设备负责将货物运送到堆垛机处或从堆垛机将货物移走。输送机种类多，常见的有辐筒输送机、链条输送机、升降台、提升机、皮带机、AGV 系统（自动导向小车）。

（4）自动控制系统：自动化立体仓库的计算机中心或中央控制室接收到出入库信息后，由管理人员通过计算机发出出入库指令，巷道机、自动分拣机及输送设备按指令启动，共同完成出入库的作业。

控制部分优势在于控制系列采用 OPC 协议与 WMS 和 ECS 通信，可在脱机状态下调度所有输送设备，完成物料的自动输送。软件部分的管理系统优势在于实现对仓库物流的实时监测与优化调配，合理调度设备，最大化设备利用率，满足与上层系统的无缝对接，人机界面充分考虑实用性，操作简单，通俗易懂。

（二）自动化智能货柜

智能垂直升降货柜，采用托盘作为存储单元，通过载体升降移动，从工

作台前或送至库中合适的货架，取下储存货物的托盘。该货柜可以放置在各种平面或立体空间中，具有结构简单，操作方便，自动化程度高等优点，是一种新型的物流设备。在储存货物过程中，由入口处的自动测高装置对储存的货物进行测高，实现了存储位置的自动合理安排，具有垂直提升的货柜，以骨架为主，内部结构为辅、外壳及电气 4 个部分。其结构包括框架式货架体、底部支撑机构、控制系统和顶部平台系统四大组成部分。骨架分左右支撑架、顶盖和底座部分；内部结构以小车，托盘为主。在每个部件上都设置了相应的传感器并将其与控制器连接。所述外壳包括前板和拉伸门、后板与侧板构成；电气部分包括 PLC，触摸屏，变频器，测高光幕等、由安全光栅和部分辅助器件构成，实现了对设备运行控制及安全保护。

提升柜上的提升小车为四链条悬挂系统，确保小车不前后偏斜，左右偏差。该装置具有结构简单、运行平稳等特点，能够满足煤矿井下运输要求，并能有效防止因钢丝绳断丝或弯曲造成事故。与此同时，四链条悬挂系统也是当前最为安全的系统、最佳可靠性传动系统。

（三）自动化联体货柜

所述产品的存储空间包括数组货柜，各组货柜均采用钢制托盘作为存储单元，多组货柜共享托盘小车，小车沿水平及垂直方向运动，实现了"货—人"全自动存取作业，有效地提高存取的效率，库存空间得到优化。

自动化联体货柜由以下结构组成：

（1）面板；

（2）支撑隔距板；

（3）取货口的照明灯；

（4）操作者安全光幕；

（5）取货平台，内置称重装置；

（6）电气装置；

（7）顶盖；

（8）侧板，下面为检修门；

（9）立柱；

（10）存贮区；

（11）托盘；

（12）链条，传动系统；

（13）托盘上放置的刀具；

（14）小车；

（15）托盘高度检测光幕；

（16）驱动系统，电机等。

联体智能货柜的特点：

（1）只要一套载货小车和一套控制系统对相邻的多台货柜的存储区展开作业，大幅度降低生产成本；

（2）可采用两个以上的多个存取口，根据客户对出入库需要分别设置的需求；

（3）整体的承载量也增加，积木式重型立体提升货柜的占地面积更大，比多台单机货柜摆放在一起的整体性更好，单托盘的承载量可达到 500 千克；

（4）该设备的存储量相当于同等数量的多台智能垂直提升货柜，性价比大大提高；

（5）技术先进，可靠性高，尤其用于存储物品种类多、批量大的仓储；

（6）重型联体货柜设计可使客户随意更改货柜高度。

（四）智能立体循环货柜

该循环货柜采用料斗作为存储单元，实现了自动化存储，由电机旋转驱动链条循环旋转，实现了"由货到人"物料存储方式。操作者用点击触摸屏的方式，系统优化路径的选择，使得材料迅速地送到操作者的手中。

循环货柜能够最大程度地节省人力，充分利用已有的空间，可以远程集中控制，还可以分别控制，改善工作现场，提高仓储管理水平，最终实现物料管理现代化。

其存贮特点有：

（1）运动更平稳、更快速、更安全；

（2）柜体更加坚固，承载力更强；

（3）单货格承载量可达到 1 吨，整机载重可达到 60 吨；

（4）有效地利用空间高度，高度可达 30 米以上；

（5）可穿越楼层，根据需要在每个楼层设置取货口使得存取更加方便快捷。

智能立体循环货柜提升系统具有以下特点。

（1）选用出口型、高强度的加厚链条，抗拉强度可达最大负载时的 20 倍。

（2）校链杆用钢板经调质处理，在保证强度的同时，可有效减少辅助空间，增加料斗的使用空间。

另外，电气控制系统具有以下特点。

（1）为了确保设备的稳定高效运行，所有电气部件均选用进口部件。

（2）设备取料口，选用国际安全精度最高的安全光幕。

载货料斗，具有以下特点：

（1）采用冷板经弯折、焊接、表面喷塑而成，坚固，刚性好；

（2）折弯 TT 型件可以提供必要的抗扭转度和抗弯曲强度；

（3）可放置零件盒，能满足不同的储物要求；

（4）单料斗承载范围为 100～500 千克。

循环柜和提升柜比较，具有以下特点。

垂直升降货柜克服了垂直循环货柜的一些缺点。

（1）在使用循环货柜取货的过程中，取任何一件物品的时候，所有的物品都要一起旋转。但是使用提升货柜时只是存有所需物品的托盘需要运动。这样可以提高运行效率，使用时间长。

（2）循环货柜的空间使用效率不如提升货柜。由于提升货柜有物品高度检测系统及自动分配空间的功能，可以更加有效地利用货柜的空间。

（3）运动更平稳、更快速、更安全。

（4）柜体更加坚固，承载力更强，单货格承载量可达到 1 吨，整机载重可达到 60 吨。

（5）循环存储物品时考虑到柜体的前后偏载和单料斗的左右偏载，而提升柜只存在托盘的偏载，偏载率也小于料斗；所以要求物品要均载在料斗或托盘上。

相较而言，垂直升降货柜越高，性能价格比越高。

第五章　跨境电商保税仓物流服务

第一节　保税仓物流概述

一、保税区与保税仓库的区别

保税区、保税仓库是一国（地区）更好地融入经济全球化，参与国际竞争与合作的舞台，是出口本国优势产品，引进外国先进资源设备的特殊区域。

（一）保税区的含义

1. 保税区的概念

保税区也称保税仓库区，级别低于综合保税区。这是一国海关设置的或经海关批准注册、受海关监督和管理的可以较长时间存储商品的区域。是经国务院批准设立的、海关实施特殊监管的经济区域。保税区的商品不受国家正常关税管理。货物从海外运往本地区，在获得相关证件的前提下进入保税区可以免收关税。由于保税区经常涉及对外贸易活动，其选址一般在濒临河港、海港或空港的位置。从政策上讲，保税区内的企业可以享受免税进口生产材料、设备等，以及金融和外汇方面的优惠政策。

保税区功能定位是"保税仓储，出口加工，转口贸易"三个模块。其中，"保税仓储"是保税区最重要和核心的业务之一。保税区内有进出口加工和国际贸易、保税仓库商品陈列等功能，享受"免证，免税，保税等"的政策优惠，采取"境内关外"运行模式。它在一定程度上起到了对外开放和吸引外资的作用。保税区可以推动转口贸易的发展。使转口企业在海关登记备案后可享受进口退税政策。提高相关成本的收益等。为国内企业出口产品提供便

利条件，减少了进口环节的中间环节。运入保税区内的物品可存放，可改造，可归类，可调配、展览及加工制造，但要在海关监管的范围之内。对进出口商来说，保税区是一个特殊场所。外国商品储存在保税区内，不需要支付进口关税。进口货物可在指定仓库存放，也可经口岸当局批准直接装船运往国外。尚能自由出口，只要支付存储费等少量费用即可，但若欲入境，需交关税。因此，在我国境内从事进出口贸易活动时，除按一般国际规则办事外，还必须遵守保税区的特殊制度。每个国家保税区在时间上规定不一，商品逾期不办理手续，海关有拍卖它的权利，拍卖之后减去相关成本，其余的退还给货主。

按照目前的相关政策，海关关闭保税区：境外货物进保税区，实施保税管理；国内货物在保税区内进行加工制造和装配后再出口到国外，实行非海关监管下的"零库存"管理模式。领土内其他区域的商品进入保税区视为离境；区内进出口货物除按规定缴纳关税和进口环节增值税外，还需办理海关监管手续并施加特殊监管措施。与此同时，外经贸和外汇管理部门还对保税区采取了比较优惠政策。这就为保税区提供了一个对外开放、吸引外资的新形式和新途径，有利于扩大进出口贸易和利用外资，促进经济发展。企业到综合保税区从事口岸作业业务的海关、商检和其他部门对园区的商品进行检查之后，可以在任何港口（海港或空港）转关出口，不需要重新开箱查验。

2. 综合保税区的概念

综合保税区建立于内陆地区，作为海关特殊监管区域，发挥保税港区作用，实施封闭管理，是我国现阶段开放层次最高的国家、政策最惠，职能最全、程序最为精简的海关特殊监管区域，就是国家放开金融，放开贸易，放开投资，放开劳务、交通及其他方面试验区、先行区。它主要负责与进出口相关的商品进出境审批工作以及货物通关检验检疫、海关检查监督等事务。综合保税区的管理，海关应当参照相关规定执行，落实保税港区税收、外汇等政策。综合保税区与自由贸易区有很大差别。综合保税区是保税区的集合体、出口加工区和保税物流区等、港口的作用是一体的，可开发国际中转，配送，采购等业务、转口贸易及出口加工。

综合保税区和保税区这两个词的区别，功能反而更完备，正在对保税区进行合并、保税物流园区等、在出口加工区和其他各类外向型功能区之后，

成为一种更公开的形式，还更加与国际惯例接轨。综合保税区是我国为适应经济发展需要而设立的一类特殊区域，由海关统一管理。它的职能与税收、外汇政策按国务院的相关规定办理。目前，我国对保税区采取"区别对待"的原则。也就是国外货物进入保税的区域，货物出区入境销售，按照货物进口相关规定报关，以及根据货物的实际状态课税等；境内加工贸易进出口业务均由海关代扣代缴税款。国内商品进入地区视为出口并给予退税；进料加工业务不征收关税和其他税。保税区企业间货物交易，不征收增值税、消费税。该地区采用国际中转，国际采购，国际配送的方式、以国际转口贸易，保税加工为主要职能，用商品服务进行交易、投资融资保险和其他职能的补充，与法律政务和进出口展示相匹配的服务功能，具有生产要素聚散的能力、重要物资的中转和其他作用。在我国现行税制体系下，其与一般意义上的自由贸易港具有很大差异。综合保税区又属于保税区范畴。

国务院办公厅 2015 年 9 月份印发了《加快海关特殊监管区域整合优化方案》。按照要求，现有出口加工区、保税物流园区、跨境工业区、保税港区及符合条件的保税区将逐步整合为综合保税区；新设立的海关特殊监管区域统一命名为综合保税区。逐步统一海关特殊监管区域信息化管理系统，统一监管模式。按照《国务院关于促进综合保税区高水平开放高质量发展的若干意见》的（国发〔2019〕3 号）的要求，要加快综合保税区创新升级，打造对外开放新高地，推动综合保税区发展成为具有全球影响力和竞争力的加工制造中心、研发设计中心、物流分拨中心、检测维修中心、销售服务中心。

（二）保税仓库的含义

1. 保税仓库概念

保税仓库，是指由海关批准设立的供进口货物储存而不受关税法和进口管制条例管理的仓库。储存于保税仓库内的进口货物经批准可在仓库内进行改装、分级、抽样、混合和再加工等操作，这些货物如再出口则免缴关税，如进入国内市场则须缴关税。各国对保税仓库货物的堆存期限均有明确规定。设立保税仓库除为贸易商提供便利外，还可促进转口贸易。

保税仓库使境外货物无需办理进口手续，就可以入库存放，储存期间可以暂时不付关税，如果再次离境，也可免征关税。对于进境货物，除按《海

关法》规定申报纳税外，还可以享受免税待遇。但是，如果商品进入海关管制区，然后照章补手续，补关税。目前我国内地各口岸都有建立了各种类型的保税库，其中包括国际中转保税库和国内转口贸易保税库等多种形式，并已成为国家实施进出口监管的重要手段之一。保税仓库有两大优点：一是它是整条供应链上的重要节点，在仓储配送中起到作用；二是可以实现国际中转运输和进出口贸易一体化。

海关指定保税仓库，适合储存来料加工之用、进料加工复出口物料，零件等；进口原料和半成品，以及其他需要在国内生产或流通的物品。经外经贸部门核准寄售的维修零配件，以及外商寄存和暂存的商品和转口的商品；为国际航行船舶提供燃料和零配件；免税品等。属于特殊贸易性质的进境货物必须经海关查验合格后方能进入口岸经营业务。属一般贸易性质之进口货物，不得储存在保税仓库，还不得处理保税仓库内储存的物品，但是可以在海关监管之下更改货物包装，或者加刷唛码。

2. 保税仓库类型

保税仓库按照使用对象不同分为公用型保税仓库、自用型保税仓库和专用型保税仓库。申请成立保税仓库的企业应当是在海关办理进出口收发货人报关注册登记的企业，如果生产企业有进出口权，就可以申请成立保税仓库。

公用型保税仓库：由主营仓储业务的中国境内独立企业法人经营，专门向社会提供保税仓储服务。

自用型保税仓库：由特定的中国境内独立企业法人经营，仅存储供本企业自用的保税货物。

专用型保税仓库：保税仓库中专门用来存储具有特定用途或特殊种类商品的仓库。专用型保税仓库包括液体危险品保税仓库、备料保税仓库、寄售维修保税仓库和其他专用型保税仓库。

（三）保税区与保税仓库的区别

保税仓库和保税区是完全不同的管理区域。保税仓库只存放进口货物，而保税区则存放进出口货物。根据香港海关法例的规定，保税仓库贮存期为一年。因特殊情况需要延长储存期限的，经海关批准，申请延长不超过一年。货物在保税区内没有储存期限。保税仓库只具备简单的储存功能，而保税区

则具备储存、国际转口、全球采购、分销、过境、转口、维修、加工等功能。出口到保税区的货物可在离境后退还，而进口货物的保税仓库则不能退还。使用保税区内的保税仓库不缴纳仓储费，使用保税区外的保税仓库需缴纳仓储费。

二、保税物流的定义及特点

（一）保税物流的定义

保税物流是指保税业务经营者经海关批准将货物在税收保全状态下从供应地到需求地的有效流动，包括采购、运输、存储、简单加工、增值服务、检测、分销、配送、流转、调拨等环节，以及为实现这一流动而进行的计划、管理、控制过程。保税物流是指保税状态下货物在保税监管区域、场所或网点间的流通，包括保税货物在供应销售链上的采购、存储、简单加工、增值服务、检测、维护、配送、分拨、分销、运输、流转、调拨等，不含加工贸易企业生产链上的物流和传统的口岸通关物流。

（二）保税物流的主要功能

不同性质企业可利用保税仓功能进行业务扩展，加快资金回流。延伸出来，可以归纳如下。

1. 保税仓储

货物从国内、国外运至保税仓以保税形式储存起来，免缴关税，节约大量税金，增加资金流动性。

2. 手册核销

加工贸易型企业可以出口到保税区，核销手册，实现跨关区转厂，出口转内销。

3. 简单加工

在保税仓的货物可允许进行流通加工贴痕、贴标签、更换包装等。

4. 出口拼箱

国内外供应商采购的原材料、半成品和成品等汇集后，最终存放在保税仓库，根据销售合同装入不同的集装箱，然后通过海运运往世界各地。

5. 进口分拨

从世界各地进口的货物（其中包括国内转至保税仓的货物）可以暂存在保税仓，在进行分拣、简单加工、拆拼箱后，根据国内采购商的需求进行批量送货，以减轻收货人的进口税压力及仓储负担。

6. 国际转口贸易

充分利用保税区进出口各项优惠政策，比如免领进出口许可证，免征关税和进口环节增值税等，利用国内外市场的地区差异、时间差异、价格差异和汇率差异，实现保税仓库加工加工贴唛、贴标签、再包装、打膜等，最终再运输到目的地。

7. 展示服务

国外大宗商品如设备及原材料等，可存放在保税仓库，保税存放，并可常年展示。展示结束后可以直接运回原地，以避免高昂的关税和烦琐的报关手续。

8. 检测维修服务

发往国外货物因品质或包装退运，须返回工厂检测或维修的，可利用保税区功能，直接将货物退至保税仓库，简化报关程序，不用缴纳进口税，待维修完毕后，直接复出口。

（三）保税物流的特点

保税物流是物流分类中的一种，符合物流科学的普遍规律，但同时具有不同于其他物流类别的典型特点。

1. 系统边界交叉

国内物流的边界是从国内的任意地点到口岸（装运港），国际物流的边界为从一国的装运港（港口、机场、场站）到另一国的目的港。保税物流货物在地理上是在一国的境内（领土），从移动的范围来看应属于国内物流，但保税物流也具有明显的国际物流的特点，例如保税区、保税物流中心及区港联运皆具有"境内关外"的性质，所以可以认为保税物流是国际物流与国内物流的"接力区"。

2. 物流要素扩大化

物流的要素一般包括运输、仓储、信息服务、配送等，而保税物流除了

具有这些基本物流要素之外，还包括海关监管、口岸、保税、报关、退税等关键要素，两者紧密结合构成完整的保税物流体系。

3. 全过程管理

一般贸易货物的通关基本程序包括申报、查验、征税、放行，是"点式"的管理；而保税货物是从入境、储存或加工到复运出口的全过程，货物入关是起点，核销结案是终点，是全过程的管理。

4. 效率瓶颈问题

海关监管下的物流运作，是保税物流区别于其他物流的实质。保税物流的特殊性决定了其需要通过一系列程序和环节来实现对货物的监管。海关为实现监督的有效性，工艺严谨，程序繁杂、更高抽查率是不可或缺的，但是这和现代物流对方便，高效的追求是一致的、低成本操作需求背道而驰，物流效率和海关监管效力是"二律背反"的关系。因此，如何通过优化保税业务流程来提升保税物流的运行效率和效果，是当前保税物流领域研究的热点之一。随着保税需求不断增加，海关监管效率将是制约保税物流系统效率的瓶颈。

5. 平台性

保税物流是加工贸易企业供应物流的末端，是销售物流的始端，甚至包括了生产物流，如 VMI，保税物流的运作效率直接关系到企业正常生产与供应链正常运作，构建通畅、高效率的保税物流系统是海关、政府、物流企业、口岸等高效协作的结果。完善的政策体系、一体化的综合物流服务平台必不可少，例如集成商品流、资金流、信息流的物流中心将是保税物流的主要模式之一。

三、跨境电商保税仓物流服务的内涵

（一）跨境电商保税仓物流服务的概念

跨境电商保税仓物流服务是跨境电商保税仓从接收顾客订单开始到将商品送到顾客手中为止所发生的所有物流服务活动，其间需要跨越一国或多国海关关境。目的是使交易的产品或服务实现增值。其本质是更好地满足顾客需求，即保证顾客需要的商品在顾客要求的时间内准时送达，服务能达到顾

客所要求的水平等。

保税仓库物流服务在仓库内围绕服务运输、仓储、装卸、包装及相关信息活动进行。核心服务包括进出口贸易和仓储。其中，便利核心服务的增设服务称为便利服务，如检验检疫等通关服务。为提高服务价值或使其与其他竞争对手区分开来而开发的服务称为支持服务，这些服务包括国际采购和加工、国际分销和配送、国际运输、物流和支持服务融资。

跨境电商保税仓物流服务的目的，就是提供更多能满足客户要求的服务，拉大与竞争对手之间的差距，通过销售额的增加来获得或增加企业的利润。优质的物流服务不仅能够有效地完成商品的供应、减轻客户的物流作业负担、提高作业效率，还能为客户节省更多的流动资金来研发企业的核心技术。

（二）跨境电商保税仓物流服务的特性

1. 无形性

跨境电商保税仓物流服务是属于非物质形态的劳动，它生产的不是有形的产品，而是一种即时服务。交付的同时服务完成，不可储存。

2. 移动性和分散性

跨境电商保税仓的物流服务因其分布的广泛性、大部分非固定顾客都是目标。因此，具有移动性、涉及面广、分散性等特点，其移动性与分散性将使得行业局部供需失衡，还造成经营管理上的困难。

3. 需求波动性

由于跨境电商保税仓物流服务是以数量多而又不固定的顾客为对象，他们的需求无论从方式还是从数量来说都是可变的，具有强烈波动性，为此，易导致供需失衡，变成了运行中劳动效率低下、成本居高不下的一个重要因素。

4. 差异性

差异性是指跨境电商保税仓物流服务的构成及其质量水平经常变化，很难统一界定。物流企业提供的服务不可能完全相同，物流企业难以制定和执行服务质量标准，不易保证服务质量。

5. 可替代性

从物流活动的角度来看，跨境电子商务保税仓库的物流服务源于托运企业生产经营的物流需求，可以由所有者企业自行以自运、自存等自我物流的

形式完成，也可以委托给专业的物流企业。因此，对于专业物流企业来说，不仅来自行业的内部竞争，而且来自托运人的企业竞争。如果物流行业的服务水平不能满足托运人的要求，托运人将以自营物流的形式拒绝物流企业的服务。物流企业在拓展市场空间时将面临困难。

6. 生产和消费的同一性

在物流企业完成跨境电商保税仓物流服务的同时，委托人进行了消费这一动作。将跨境电商保税仓物流看成一种产品，产品的生产、交换和消费在时间和空间上都是统一的。它们同时产生，同时终止，具有不可分割性。

（三）跨境电商保税仓物流服务的类别

跨境电商保税仓物流企业在提供服务时，涉及多种业务，其中既有传统的仓储、货代业务等，又有一些结合企业其他资源形成的新的业务种类，包括仓单质押融资、项目物流、定制式物流、物流咨询等。

1. 仓储服务

仓储服务是指保管人储存存货人交付的仓储物，收取存货人支付的仓储费的一种服务形式。仓储服务的范围应当包括各种类型的仓储服务，如冷冻仓储、鲜活仓储等，但是保税仓储需要由海关批准。

仓储服务的基本内容包括现场储备、配送分类、仓库组合、生产支持、市场形象。仓储管理的服务项目包括 SKU（库存量单位）管理、存储与装卸、实物分拨、条形码管理、系统库存管理及分析、为客户量身设计仓库作业流程及管理系统、货物在库的简单再加工、保税仓库管理、RMA（退货授权）库存管理。

2. 国际货代业务

所谓国际货代行业，就是接收进出口货物的收货人的行业、发货人及其他委托方或者代理人，在委托人名下或在其本人名下举办、处理国际货物运输和有关业务，在国际货物流通领域提供物流增值服务。随着世界经济贸易全球化趋势不断加快，各国间贸易往来日益频繁，国际货代行业得到了迅猛发展，成为当今世界发展最快、最具活力的产业之一。它的业务范围颇广，既包括传统进出口货物揽货，订舱，托运，储存，包装，装卸，中转等业务、分拨和处理报送报检的工作、货物保险和其他一系列有关国际运输的服务活

动，国际多式联运也不例外、会展及私人物品运输，国际快递等、新兴业务，如第三方物流。

3. 保税物流服务

保税物流服务包括手册加工企业出口复进口、出口退税、国际货物进口集货、保税区/保税物流园区的区内分拨、国际采购商出口集货、保税仓库货物库存管理等服务。

4. 仓单质押融资

仓单融资又称为"仓单质押融资"，是指申请人将其拥有完全所有权的货物存放在商业银行指定的仓储公司，并以仓储方出具的仓单在银行进行质押，作为融资担保，银行依据质押仓单向申请人提供用于经营与仓单货物同类商品的专项贸易的短期融资业务。仓单融资实质是一种存货抵押融资方式，通过银行、仓储公司和企业的三方协议，引入专业仓储公司在融资过程中发挥监督保管抵押物、对抵押物进行价值评估、担保等作用，实现以企业存货仓单为抵押的融资方式。

5. 项目物流

项目物流是指以某一个具体的项目为服务对象所产生的一系列物流活动。如项目所产生的物流，会展所产生的物流。项目物流的目的是为项目服务，当项目结束时，项目物流也将结束。项目物流活动多为一次性活动，重复性较低。工程物流有其特殊性，往往需要特殊的车辆和工具来完成物流活动。

6. 定制式物流服务

定制式物流服务，就是把物流服务特定地提供给特定的顾客，向本用户提供原材料采购至产成品销售各环节全程物流服务模式，涵盖存储，运输，处理，包装，配送等环节、咨询和其他所有业务，甚至包括订单管理，库存管理等、供应商协调及其他业务。定制式物流服务类型繁多，涵盖了整个物流供应链的每个环节，其目的就是要降低整体运营成本。现代物流服务注重与顾客之间的战略协作伙伴关系，运用定制式服务模式，既可以确保物流企业拥有稳定经营，又可以节约企业运作成本。物流企业应根据自身发展状况和市场环境变化制定相应的物流运作策略。物流企业可根据顾客实际。通过制定合适的发展目标和实施策略来选择适合本公司发展的物流服务方式及流程。制定最适合它的物流运作方案等，用最低廉的费用，提供最有效率的服务。

7. 物流咨询服务

物流咨询服务是指利用专业人才的优势，深入企业内部，提供市场调查和分析、物流系统规划、成本控制、企业流程再造等相关服务。同时为客户提供物流咨询服务。帮助企业整合业务流程和供应链上游或下游关系，提供全方位的物流解决方案。其他物流服务的销售由物流咨询带动，不同于一般仓储运输企业的简化服务，有助于提高企业的竞争力。

在具体的业务运作中，可以采用大客户经理负责制来实施物流咨询服务。大客户经理要针对每个客户的不同特点，成立独立的项目组，组织行业专家、大客户代表、作业管理部门、项目经理等人员，自始至终负责整个项目的销售、方案设计与服务实施，保证项目的实施效果，提高客户满意度。实践证明，这种站在客户角度考虑问题，与客户结成长期的战略合作伙伴关系，相互合作、共同发展的业务运作模式具有良好的发展前景。

第二节　跨境电商保税仓物流服务质量概述

一、服务质量的基本构成

服务质量由服务的技术质量、功能质量、形象质量和真实曝间构成。技术质量与功能质量构成了感知服务质量的基本问题。

技术质量是指在服务过程的产出，即顾客从服务过程中所得到的东西。由于技术质量涉及的是技术方面的有形内容，故顾客容易感知且评价较为客观。

功能质量是指在服务推广的过程中顾客所感受到的服务人员在履行职责时的仪表仪态、服务态度、服务方法、服务程序、服务行为方式等给顾客带来的利益和享受。在功能质量评价中顾客的主观感受占据主导地位，再加上功能质量具有无形的特点，因此难以进行客观的评价。技术质量与功能质量构成了感知服务质量的基本内容。

形象质量是指消费者企业在社会公众心目中形成的总体印象。它包括企业的整体形象和企业所在地区的形象两个层次。企业形象通过视觉识别、理念识别、行为识别等系统多层次地体现。顾客可从企业的资源、组织结构、

市场运作、企业行为方式等多个侧面认识企业形象。企业形象质量是顾客感知服务质量的过滤器。

二、跨境电商保税仓物流服务质量的概念及特征

当前对物流服务质量的界定多种多样。定制式物流服务类型繁多，涵盖了整个物流供应链的每个环节，其目的就是要降低整体运营成本。比较受欢迎的是：物流服务质量，即满足物流客户需求的能力程度。物流服务质量可分为有形性和无形性两大部分。也就是企业为自己所提供物流服务，符合服务产品质量标准、满足使用者需求的保障程度。通常包括运输服务质量、配送服务质量等、保管和库存服务质量。从这个角度上来说，物流服务质量就是顾客满意程度。衡量物流服务质量主要包括销售额，订单数，退货率等变量、待补订单数和退货数、取消订单数，等待补单的滞留时间、货损理赔数，紧急发货次数等。从这个层面上讲，跨境电商物流服务质量就是参与跨境电子商务的交易主体，为他们提供给消费者的商品物流服务，穿越了各种关境，符合服务产品质量标准、满足使用者需求的保障程度。

（一）概念

跨境电商物流服务质量可以分为物流顾客感知质量和物流组织支撑质量，物流顾客感知质量是指顾客对物流服务质量的感知程度，是顾客对享受到的物流服务质量与预期物流服务质量进行比较之后所得到的物流服务质量感知，是顾客主观上对物流服务的感知质量。比如，是否达到个性化要求，发货及时率，货物破损率，对服务增值效果是否满意等。物流组织支撑质量表示物流服务提供商在目前具有的人员、材料、设施、方法、环境等条件下的物流服务质量，具有一定的客观性。比如，人员学历结构、信息系统、作业方法、工作环境等。在这个层次中，跨境电商物流服务质量由跨境电商物流顾客感知质量和跨境电商物流组织支撑质量两部分组成。前者是顾客对于跨境电商物流服务程度与其预期的匹配程度的一种感知，而后者是现有的从事跨境电商的物流服务商内部的服务质量。

本书认为跨境电商物流服务质量是指，在所从事的跨境电商物流服务过程中，跨境电商物流供应链上的所有企业提供的组织支撑条件和顾客对跨境

电商物流服务的感知度达到期望值的程度。

（二）特征

1. 主观性与客观性并存

物流服务具有经济性、时效性和安全性等主要性质，所有这些性质都要求以客观数据加以度量，所以，跨境电商物流服务质量有其客观性。由于我国的电子商务发展时间较短，在跨境电商物流服务质量方面与国外发达国家还有差距。同时跨境电商物流服务质量也存在主观属性，如舒适度，功能性。跨境电商企业为了提升自身竞争力，在发展过程中会更加关注服务质量的提高。客户为跨境电商提供物流服务的质量，更多的是凭借主观期望与感觉来进行评判。因此，在评价跨境电商物流服务质量时，要综合考虑这两种属性。服务质量如何，更受上述主观因素影响。因此，在构建跨境电商物流服务质量评价指标体系时，应该充分考虑上述两个方面。跨境电商物流服务质量因其无形性而缺少有形的客观评估标准，因而主观标准往往成了主要的标准。因此，从消费者视角来看，跨境电商物流服务应以"用户体验"为导向进行设计和管理。由于生产和消费具有不可分性，跨境电商物流服务质量必须在客户参与下才能得以形成、体验与认同，所以无法摆脱客户主观因素。

2. 过程性

跨境电商物流服务质量最终体现在服务成本、时间、安全上，但是跨境电商物流服务不是单纯的点到点服务，而是一条供应链。供应链整体的服务质量取决于海内外的物流服务质量的综合。所有的跨境电商物流服务质量的最终结果都是由装卸、搬运、存储等各个物流环节的服务质量组合而成的。

3. 交互性

物流服务贯穿于物流服务企业、上游客户、下游客户之间，涉及物流、商流、资金流、信息流。跨境电商物流服务在普通的物流服务的基础上，更是涉及海关、国内外仓储、第三方平台等众多参与者，没有物流各个环节的交互，跨境电商物流服务质量无法衡量。

4. 无形性

与有形产品的区别，跨境电商物流服务质量基本处于无形、抽象的状态。跨境电子商务物流服务具有无形性、复杂性等特征，因此需要对其进行评价

研究。服务就其本质而言，就是看不见，摸不着。因此，跨境电子商务物流服务也应该属于无形服务业的范畴。跨境电商物流服务对企业来说看得见，摸得着，这是一个真正的进程，并针对跨境电商供应链的另一端——客户。其感受到的却是一个无形的体验。跨境电商物流服务看不见摸不着，客户只能感受到公司是否遵守了"时间对了，地点对了，东西对了，量对了，质对了，位置对了"的原则。这就决定了跨境电子商务物流服务具有无形性。所以说跨境电商物流服务是一种看不见摸不着的行为，不像实体产品一样呈现给客户，无形也无形，由此而产生的服务质量评价，通常是客户凭借其消费之后得到的满意程度来进行的，主观随意性大。

5. 差异性

所谓差异性，就是物流服务构成和质量水平的频繁变动，很难有一个统一的定义。跨境电子商务物流服务具有无形性、复杂性等特征，因此需要对其进行评价研究。不同物流企业所提供服务不能完全一样，同一家物流企业，也不能一以贯之，提供一模一样的服务。从这个角度来说，跨境电子商务物流服务具有多样性特征，而差异化则是其最基本的特点。跨境电商的物流服务呈现差异性，主要是受到不同国家其他企业物流系统所提供能力与服务方式等因素影响，还受到了来自世界各地顾客对跨境电商物流服务流程的介入、对于服务的不同评估与理解所产生的效果。跨境电商物流服务水平的差异化将使其面临着更多风险与挑战，如物流成本高，运输效率低，货物交付周期长等问题。当然物流需求个性化、独特化发展也要求相应的个性化、柔性化跨境电子商务物流服务等。因此，跨境电子商务企业要根据自身的发展情况来确定合适的服务模式和策略，以提高跨境电商物流服务质量水平。国别不一，区域不一，物流企业很难建立并实施统一标准的服务质量，从某种程度上来说，这将导致跨境电商物流服务质量存在差异。

三、提高跨境电商保税仓物流服务质量的意义

（一）跨境电商保税仓物流服务质量是降低国际物流成本的依据

国际物流的距离远、变数大。本书通过分析跨境电商平台的特点，以及对传统仓储模式的影响，提出了提升跨境电子商务保税仓物流服务能力的建

议。国际物流对降低成本起到了举足轻重的作用，而要降低国际物流成本，首先要考虑保税仓的物流服务水平。跨境电商保税仓储服务包括货物配送，信息传递和客户服务等环节，其中客户体验又包含了对商品外观，包装，质量及售后服务等各要素的要求。跨境电子商务保税仓物流服务质量作为衡量其服务水平高低的一个重要手段。就此而言，跨境电商保税仓物流服务质量的提高，是物流成本下降的基础。

（二）帮助我国继续适应瞬息万变的国际市场环境

跨境电子商务是依靠"互联网＋"的崛起而崛起，它的存在，使我国的企业与国际市场直接接轨，能更加及时，有效地捕捉到日新月异的消费需求和市场变化。在这种环境下，跨境电子商务物流作为连接消费者和生产者的桥梁，其服务质量也成为了决定跨境电子商务成功与否的关键要素之一。研究显示：客户在购买服务时存在较大风险，为减少风险，他们倾向于对其所承认的公司或者市场形象良好的公司具有高度忠诚度。因此在跨境电商平台下构建一套完善、科学且行之有效的物流体系就显得尤为重要。在一定意义上，跨境电商保税仓的物流服务质量和企业形象相互作用。跨境电商企业要想在激烈的市场竞争中占据有利地位就必须注重自身品牌形象建设并加强品牌管理和提升物流服务质量水平。来自国际市场的竞争压力，倒逼国内跨境电子商务企业创新思维的持续释放，迸发出创新活力，进而增强产品核心竞争力，抢占国际市场战略高地等。

（三）跨境电商保税仓物流服务作为国民经济中不可或缺的组成部分

发展跨境电子商务，有助于促进产业结构升级。从整体上看，目前我国的跨境电子商务还处于初级阶段，但已经取得了一定的成效。跨境电子商务应运而生，为电子支付提供了便利、物流配送等现代服务业发展情况，还间接拉动电子信息等先进制造业。从产业层面来看，跨境电子商务是对传统贸易模式的革新。在中国经济发展步入新常态的背景下，跨境电子商务的蓬勃发展，还不断带来产业组织结构，生产方式等方面的改变。从价值链理论来看，跨境电商是一个复杂的系统，其核心竞争力来源于供应链管理能力、信息平台搭建，以及物流服务水平。跨境电子商务及其产业链条中相关行业，

面对客户多元化的需求，带动了相关行业发展在"微笑曲线"研发与营销两大环节上的偏移。

第三节　跨境电商保税仓物流服务
质量评价指标体系设计

跨境电商保税仓物流服务质量的评价指标体系等，它是一个有机的整体，由众多影响保税仓物流服务质量指标组成，不仅体现指标间关联性，也体现出它的系统性。在此基础上进行研究，有利于明确各指标间的逻辑关系，从而建立起一套完整有效的物流服务质量评价体系。构建了物流服务质量评价指标，就是把它所涉及的问题逐渐分解开来，构成了一个有序逻辑层级，做到结构化，层次化。因而，要兼顾构建物流服务质量评价指标的原则和逻辑，找出影响因素，选择科学合理指标，建构综合评价指标体系。同时，还要结合跨境电子商务企业的实际情况，确定相应的权重系数，从而实现各指标与目标层的对应关系，最终得到一个较为科学的体系。构建跨境电商保税仓质量评价指标体系，是全面评估保税仓服务效果的基础与前提，评估保税仓的物流服务成效，能发现保税仓发展过程中存在的薄弱环节，为保税仓物流服务提升明确了方向。

（一）指标体系设计原则

跨境电商保税仓既是跨境电商的平台企业、消费者的物流服务，它的运作也与海关有关、国检和其他政府性质市场主体。因此，建立科学、合理的跨境电商保税仓储物流服务质量指标体系具有重要意义。跨境电商保税仓物流服务评估涉及多种属性，对这些性质有不同的评估标准，既有性质表述，又有数据支持，因此，它的评价指标亦五花八门。目前我国尚无专门针对跨境电商保税仓储物流的绩效评价指标体系。建立这些评价指标，必须做到全面，客观、切实体现跨境电商保税仓实际物流服务质量。

为确保指标科学有效，通常应遵循下列原则进行评价指标设计。

1. 科学性原则

为了构建科学合理的跨境电子商务保税仓物流服务质量评价指标体系，

在确定评价维度，选取指标过程中，必须建立在理论指导的基础之上，从实践事实出发，把理论和实践结合起来，采用科学方法，确定保税仓物流服务流程关键指标。科学性原则决定了构建指标体系时，需要深入剖析保税仓物流服务质量影响因素，并且充分借鉴了已有的有关理论基础和研究成果，才能保证指标体系的构建具有科学性和合理性。实用性原则要求在评价过程中要考虑到企业经营管理活动的特殊性，充分考虑各方面具体的利益相关者。在建设过程中，要注意选择适当量的指标，澄清指标含义并避免模糊，不可能仅凭主观经验，领导意愿来考核。指标体系应具有全面性、代表性、可操作性等特点。指标必须抽象地描述客观实际，能正确反映保税仓的物流服务质量。

2. 系统性原则

保税仓物流服务质量涵盖保税仓在经营和管理层各方面，它的评价指标体系是个内在层次繁多而又错综复杂的总体，一定要和评价的目标相一致。目前我国对于跨境电商保税仓储物流服务评价的研究主要集中在定性方面，缺乏定量方法和模型。由于跨境电商保税仓里的环境相对于普通的电商仓库环境较为复杂，许多指标都是互相关联的、相互制约关系——部分指标间具有横向联系，有的具有纵向联系，甚至不同层次的指标存在"你方唱罢我登场"的关系。因此，跨境电商保税仓储物流服务质量评价指标体系可以采用层次性和关联性相结合的方法来建构，即通过对相关因素的分析找出影响物流服务质量的关键要素。指标体系的设置，要对指标分类之后，分层级地构建，才能确保它们之间逻辑关系的清晰，层级结构清晰，确保指标体系系统性；要根据实际情况选择合适的评价方法，避免主观因素影响权重设置。同时在指标设计的过程中力求少而精，所设计的指标应尽可能和企业相关统计资料相联系、报表是兼容的。

3. 全面性原则

全面性原则，要求选取的指标能覆盖跨境电商保税仓物流服务的所有重要影响因素，跨境电商保税仓物流服务质量受到诸多因素的影响，以期更科学，更客观地评估跨境电商保税仓物流服务质量，必须考虑到不同的因素。本书从宏观角度出发，将跨境电商平台、第三方物流企业、客户三个方面作为研究对象，分析了影响其物流质量的相关因素。但这其中存在着多方面的

影响因素，既有主要影响因素，又存在次要影响因素，制定评价指标时，应明确轻重缓急、重点突出，综合考虑了跨境电子商务保税仓物流服务品质的主要影响因素。

4. 针对性原则

在构建评价指标体系时，应充分考虑保税仓在操作和管理方面的特殊性，评价指标的设置有区别，对于每一类服务的评估都应该有的放矢，一定要能反映出它们自己的特色。跨境电子商务保税仓储企业物流服务质量的评价应该包括基础设施条件、信息平台建设和服务水平等几个方面。在指标体系的构建过程，要以指标在保税仓物流服务质量中的重要性为基础，制定针对性的指标，然后综合评价。通过对不同类型企业的研究分析，可以得出跨境电子商务平台下保税仓储物流服务质量的关键要素。评估跨境电商保税仓物流服务质量，就是要判断其服务质量水平，找出影响服务质量水平高低的关键因素是什么，并提出了一些建议性的对策。跨境电子商务平台应该从多个维度出发来提高自己的服务水平，包括提升通关速度和准确性以及优化货物配送方式。所以，我们应该有的放矢地制定出这些目标。通过对跨境电子商务平台的调研分析，可以看出跨境电商平台在运营管理方面存在着很多问题。比如通关效率，发货准确率。

5. 定量和定性相结合的原则

由于物流是讲究时效的服务行业，时间性，服务性很强，结果资料的科学性、顾客体验的完善程度，直接关系到物流服务质量的水平。所以跨境电商企业要想获得长久发展就必须重视对物流服务质量的提升。也就确定了跨境电商保税仓物流服务质量评价指标的定量与定性的双重属性。目前，我国跨境电商物流服务质量评价主要采用定性分析方法，这种方法存在主观性强，难以反映客观实际情况等不足。但该书对跨境电商物流服务质量指标设置时主要采用量化指标，这就能在较大程度上减少主观因素对工作的干扰，使得评价结果更具有科学性和有效性。此外，为了避免单一方法应用中可能产生的片面性或局限性，本书将运用层次分析法构建跨境电商平台企业综合评价指标体系并进行实证研究。同时由于保税仓所处环境特殊复杂，物流服务质量评价还涉及到顾客本身的主观感知与评判，有些指标是不能定量的，比如收费的增值效果、库位优化程度等。因此，本文在进行研究时将定性与定量

相结合，既考虑到了不同层次评价主体对于同一评价目标的认知差异，又充分考虑了其具体业务操作流程中可能存在的问题。因而，应当通过定性与定量结合分析，确保了指标来源的合理性和可靠性，评估过程高效，客观，从而确保了评价结果真实，具有一定参考价值。

6. 可操作原则

影响指标既有显性因素，也有隐性因素，并且一些指标的信息与数据也能被精确、简便地收集起来，用于实际调研过程，而且一些指标的数据和信息难以收集，准确度打折。这就要求我们对不同类型的指标体系进行筛选或取舍，以使最终确定的指标更加符合客观实际。所以在选择评价指标时，要确保指标符合实际应用情况，尽量抽取重点，意思清楚、容易获得和计算的指标，确保数据资料可得性，便于在评估过程中做到可行，可操作。

（二）评价指标设计思路

跨境电子商务保税仓物流服务是由很多方面组成的，总体上有三大板块，分别是关务、仓储和金融。在对跨境电子商务保税仓物流进行研究时，要将这三个方面结合起来分析。建立了跨境电商保税仓的物流服务质量评估指标，有必要对这三个问题进行思考。其中关务是一个重要组成部分，它不仅能够为客户提供信息，而且能帮助企业提高服务水平。从跨境电商保税仓物流服务中出现的问题中，我们可以发现，在指标设置上，也应从两方面入手：一方面，客户期望值高，感知度高；另一方面，企业本身组织支撑能力问题。在这两方面都不具备时，就会造成服务满意度低下，从而降低物流服务质量水平。所以首先应结合客户预期对跨境电商保税仓物流服务从属特征进行归纳，进而发现了与上述从属特征有关的服务行为，为服务行为制定准则，评估并改善实际的服务行为。同时，还需要检验组织支撑能力对于物流服务行为是具有积极还是消极作用，并且得到继承与完善。

（三）评价指标设计标准分析

本书的目的是对跨境电商保税仓物流服务质量进行评价，找出关键性指标关联的行为，并加以改进。效益悖反理论是物流行业最常见的问题，企业一方面要确保服务质量的高水平，另一方面还要确保成本的合理控制。本书

假设在一种理想的环境下对跨境电商保税仓物流服务质量进行研究，提出改进性措施，通过加强跨境电商保税仓物流服务质量指标的相互作用，达到其物流服务质量的提高，而成本基本不变。

对于物流服务质量评价指标体系的研究有很多，但是针对跨境电商保税仓物流服务质量评价指标体系的研究却很少，本书在借鉴物流服务质量评价指标体系的基础上，结合国内外跨境电商平台、论坛社区消费者的评论及投诉，以及行业标杆企业和专家学者的建议，探索性地设计出跨境电商保税仓物流服务质量评价指标体系。具体分为基于客户感知质量的评价指标和基于组织支撑质量的评价指标。

1. 跨境电商保税仓物流服务功能性指标分析

跨境电商保税仓物流服务功能性评价指标是从顾客角度来测量保税仓在服务上的多样性、增值性。这一指标是完全从顾客的期望角度来设定的，它取决于跨境电商保税仓的物流服务能力和顾客对物流服务功能的期望。因此，根据跨境电商保税仓物流服务的特征，考虑跨境电商保税仓物流服务能力的资料数据以及顾客对物流服务质量的主观认知，可以设计出跨境电商保税仓物流服务功能性指标。（1）仓库服务多样性。反映的是保税仓有能力为顾客提供多方面的有效服务，跨境电商业务是一条完整的供应链，涉及国际供应商、国际海关、货代企业、国内保税区、贸易公司、跨境电商平台、消费者等多个主体。保税仓恰恰是整个链条上的枢纽。因此，提供多样服务更容易在行业竞争中获得顾客的青睐，满足其服务期望。如金融、仓储服务和关务服务。（2）仓库服务增值性。反映的是保税仓是否为顾客提供除合同约定外的服务或者个性化服务，如降低保证金、担保等金融服务、向客户更新海关信息、提供转仓设备耗材等。

2. 跨境电商保税仓物流服务时间性指标分析

跨境电商保税仓物流服务的时间性指标是从顾客角度测量保税仓物流服务在时间上的合理性。这一指标是从顾客体验上设计出来的，它取决于跨境电商保税仓的物流服务能力和顾客对物流服务时间的期望。因此，根据跨境电商保税仓物流服务的特征，仅考虑跨境电商保税仓物流服务在时效上的数据资料，可以设计出跨境电商保税仓物流服务时间性指标。（1）报关、转关时间反映的是保税仓报关转关所用的时间，关务组把报关资料整理好发给报

关行，报关行负责具体报关工作，报关完成以后货物才能进保税区入仓。一般的报关时间为3～7个工作日。（2）库内作业及时性反映的是商家货物进入仓库之后的非生产性库内作业时间。如货物贴标、上架、下架、出库打托等。货物贴标的时间依据仓库人力和货物属性而定，如小瓶保健品每人每天可处理2 000～4 000件，而处理大瓶洗洁用品则慢一点。上架时间一般为商品贴完标之后1～3个工作日。出库打托时间依据出货数量而定。（3）订单处理时间反映的是从客户下单到生成拣货单，拣货领用后的时间。非大促情况下，10时前的单据，当日16时之前必须响应，16时前的单据，当前工作日内必须响应。（4）订单释放周期反映的是从接到客户订单开始到货物完全发运的时间。包括打印拣货单、拣货、验货包装、称重清关发运五个环节。非大促情况下，16时前的单当天必须全部处理。（5）异常订单处理时间反映的是处理当前工作日及之前的漏单、漏拣、漏验、漏称重、漏清关发运订单的时间。非大促情况下，异常单必须在当前1个工作日内处理结束。（6）退货时间反映的是消费者把商品退还仓库之后，仓库把商品退还至商家的时间（由于海关总署规定跨境商品出库后的商品不能直接入库），非大促情况下1个工作日内处理结束。（7）换货时间反映的是仓库收到消费者寄回的商品后，补发货物的时间，非大促情况下1个工作日内处理结束。

3. 跨境电商保税仓物流服务安全性指标分析

跨境电商保税仓物流服务的安全性指标是从顾客角度测量保税仓物流服务的安全性。这一指标是从顾客体验上设计出来的，它取决于跨境电商保税仓的物流服务的规范性和顾客对物流服务安全性的体验。因此，根据跨境电商保税仓物流服务的特征，考虑跨境电商保税仓物流服务在安全上的数据资料，可以设计出跨境电商保税仓物流服务安全性指标。（1）库存准确率反映的是保税仓实际仓储数据相对于海关台账及商家WMS系统数据的一致程度。包括库位准确率（货位一致）、实际货品的属性准确率（品名、商家、数量、批次号等）。库位准确率应保持在99.8%以上，库存准确率应保持在99.7%以上。（2）货物破损率反映的是顾客在保税仓内存放的由于仓库自身原因造成的破损货物的比例，应保持在0.1%以内。（3）发货准确率反映的是保税仓发货的准确程度，规定为100%。（4）信息准确率反映的是客户及购买产品的属性与所发货物属性的一致程度，规定为100%。

4. 跨境电商保税仓物流服务的经济性指标

跨境电商保税仓物流服务经济性指标从客户视角衡量保税仓物流服务收费合理性。为此，本书针对跨境电商保税仓物流服务特点，从经济角度考量跨境电商保税仓物流服务的客户体验程度，可对跨境电商保税仓物流服务的经济性指标进行设计。（1）收费合理与否体现了客户全部仓内成本挂靠是否合理。该指标值越大表示企业为客户提供的仓储和配送费用越低。每一项业务的收费标准均是按照双方商务谈判达成的合同标准执行。（2）收费产生的增值效果，体现了客户在购买服务后对增值服务的接受程度，具体通过客户的主观判断。

5. 跨境电商保税仓物流服务的舒适度指标分析

跨境电商保税仓物流服务舒适性指标，指的是从顾客视角衡量保税仓物流与顾客互动的舒适性。跨境电商保税仓储物流服务的满意度评价就是以顾客满意度为导向的服务质量评价体系。该指标是以顾客体验为出发点进行设计的，取决于顾客互动的结果。客户满意度和客户忠诚度都会影响到跨境电商保税仓内货物的运输效率以及服务质量等一系列问题。为此，本书针对跨境电商保税仓物流服务特点，考量跨境电商保税仓物流服务对顾客交互体验的影响，可设计跨境电商保税仓物流服务的舒适性指标。投诉率体现了投诉顾客人数与顾客总数之比。满意度反映的是客户对物流服务质量和服务水平的感知程度。投诉率反映顾客对服务接受舒适度。满意度体现客户对企业提供服务质量和效率的认可程度。客户投诉率每月要保持1～2单的水平。

6. 跨境电商保税仓物流服务人员指标分析

跨境电商保税仓物流服务的人员指标是从人员综合素质和人效方面测试保税仓物流服务的员工情况。这一指标是从日常管理和生产量方面设定的。因此，根据跨境电商保税仓物流服务的特征，考虑人事资料及跨境电商保税仓员工的日常工作表现，可以设计出跨境电商保税仓物流服务人员指标。（1）员工数量从侧面反映了跨境电商保税仓的生产力状况。一个6 000平方米左右的跨境电商保税仓的人员配备应为32人左右，并且生产小组人员至少要占总员工的50%。（2）员工学历反映了跨境电商保税仓员工的整体素质，影响着仓库的生产管理以及服务质量。关务系统部门必须全部为大专及以上学历，其他收货、库存、拣货、验货包装、发运部门负责人须为大专及以上学

历，普通生产型员工须为高中（中专）及以上学历。总之，大专及以上学历的员工比例应达 60%以上。（3）员工人效反映的是跨境电商保税仓的生产状况，是最能体现其生产力的指标。保税仓人效应保持在每人 10～13 单/时。

7. 跨境电商保税仓物流服务设施指标分析

跨境电商保税仓物流服务的设施指标是从软硬件设备效率来测试保税仓物流服务的设施情况。这一指标是根据满足顾客需要的生产需求方面设定的。因此，根据跨境电商保税仓物流服务的特征，考虑保税仓日常生产所需要的基本操作场地、工具、环境，可以设计出跨境电商保税仓物流服务设施指标。

（1）库存面积反映了跨境电商保税仓进出货物的能力，可细分为仓库总面积、可用面积、办公面积、作业面积。一般跨境电商保税仓的面积，小则六七千平方米，大则上万平方米，其中作业区面积占 95%以上。

（2）库存容量反映了跨境电商保税仓接纳货物以及优化库位的能力，一般指可用空库位的数量。库存容量可以细分为总库位、可用库位、存储位、拣选位、可用存储位、可用拣选位、高速周转区。大促期间各个大型跨境电商仓储都会面临爆仓的情况，大大影响了作业效率。

（3）信息系统严重影响着跨境电商保税仓的物流服务质量，主要包括 WMS 系统和关务系统。保税仓 WMS 系统是和海关总署以及跨境电商平台企业相连接的仓库专用系统，不仅和仓库日常生产作业息息相关，还关系着企业的数据安全。小型跨境电商保税仓一般会选择第三方提供的 WMS 系统，大型跨境电商保税仓往往会自行研发 WMS 系统，但是灵活性不及第三方公司，关务系统由海关提供，与企业无关。

（4）操作设备是跨境电商保税仓日常生产的最基本的劳动工具。一般包括移动手持、办公用计算机、拣货车、高位叉车、流水线、气泡机、各种耗材等。这些设备的质量和便捷性对于日常生产的影响不是很大，但是在面对"双十一""双十二"这样的大促活动时至关重要，严重影响保税仓的作业效率。

8. 跨境电商保税仓物流服务方法指标

跨境电商保税仓物流服务的方法指标是从保税仓的作业效率来测试保税仓作业方法的科学性和有效性。这一指标是根据日常生产过程需要和生产结果反馈设定的。因此，根据跨境电商保税仓物流服务的特征，考虑员工使用

的工作方法在日常生产中的效果，可以设计出跨境电商保税仓物流服务方法指标。

（1）标准型作业方法是跨境电商保税仓的标杆性作业方法，也是衡量跨境电商保税仓物流服务质量的重要指标之一，作业方法是否规范、科学、有效，直接影响仓库的作业效率。每个环节的随性操作都会给此生产链的下游及整个仓库造成作业困难。

（2）创新型作业方法是跨境电商保税仓提升服务质量的重要法宝。一方面跨境电商零售进口商品属性各异，种类复杂，标准化作业难度大；另一方面跨境电商保税仓物流作业季节性较强，主要业务集中在几个大促活动，这就对作业方法的创新提出了高要求。在不同的环境下，针对不同的商品采取特定的作业方法，不仅可以降低作业成本，还可以提高作业效率。因此，保税仓物流服务一定要注重库内作业的灵活性和创新性。

9. 跨境电商保税仓物流服务的环境指标

跨境电商保税仓物流服务环境评价指标是从日常作业过程及作业效果来测量保税仓物流的作业环境。这一指标是从员工的工作角度来设定的，它取决于跨境电商保税仓的上层架构和企业文化。因此，根据跨境电商保税仓物流服务的特征，考虑跨境电商保税仓作业状态，可以设计出跨境电商保税仓物流服务环境指标。

（1）制度架构反映的是跨境电商保税仓上层管理是否标准化、规范化。具体包括考勤制度、安全制度、库区作业制度、绩效考核制度、文化建设制度等。

（2）工作氛围反映的是跨境电商保税仓部门之间的协同性。物流企业相对其他企业部门之间的联系更为紧密，任何环节的差错都会给整个团队造成不便，因此团结的工作氛围至关重要。此外，团队应保持一种积极向上的心态，相互学习，不怨天尤人。

（3）库区环境可以侧面反映出跨境电商保税仓执行力和生产力方面的能力。整洁有序的库区环境不仅能使员工轻松愉快地工作，还能在顾客心中塑造一种标准规范的印象，形成"标签效应"。

第六章　跨境电商物流运输管理

第一节　跨境电商物流运输概述

一、跨境电子商务物流运输的定义

什么是运输？从交通学的角度讲，运输就是借助运输工具，将人或物从起运地点运往目的地的经济或社会活动，运输的对象主要是人和货物。而从物流学的角度而言，这里所说的运输专指以货物为运输对象，借助运输系统实现物品从起运地向目的地的空间位移活动。

最为标准、规范的定义，可以参考中华人民共和国国家标准《物流术语》（GB/T 18354—2021）中的定义，运输是指"用设备和工具，将物品从一地点向另一地点运送的物流活动，其中包括集货、分配、搬运、中转、装入、卸下、分散等一系列操作"。这一定义说明物流运输并不局限于运输活动本身，还包括为完成运输活动而进行的一系列集配货、装卸搬运等多种活动。

鉴于以上物流运输的表述，结合跨境电商环境物流运输服务要求，跨境电子商务物流运输概念可定义如下：为实现跨境电子商务的交易目的，满足跨境电商的物流运输服务需求，将商品从出口国供应地向进口国消费地进行输送的物流活动。基于以上定义，本书认为跨境电子商务物流运输具体表现在通过使用公路，铁路等、航空、水运及其他运输方式，大多采用多式联运，并且包括运输过程所涉及到的包装，装卸搬运，货物集散等环节、报关报验，以及其他各种有关的物流活动，以达到跨国境电商物流运输活动目的。

二、跨境电子商务物流运输的特点

跨境电商物流运输是跨境电子商务与国际物流运输相结合的产物，但是又有别于传统意义上的国际物流运输，两者既有极高的相似性，也存在着明显的差异性，具体主要体现在以下四个方面。

（一）跨境电商物流运输参与主体的复杂性

传统的国际物流运输的目的主要服务于国际贸易，参与主体主要有进出口货主企业、物流运输部门、货运代理企业以及海关、商检等政府机构。而跨境电子商务的交易主体主要是企业间（B2B）和企业对个人消费者（B2C），因此跨境电商物流运输的参与主体除了包括上述主体外，还包括很多的个人消费者。不同消费者、不同的个性化服务需求，使得参与跨境电商物流运输的主体构成较传统的国际物流运输更加复杂。

（二）跨境电商条件下，物流运输服务的范围更广，对增值服务的要求更高

传统国际物流运输服务，主要有运输、包装、装卸操作、货物集散和货运代理业务。随着电子商务的兴起和发展，跨境电子商务物流成为了全球物流业新的增长点。并且在跨境电商物流运输的过程当中，由于涉及的交易主体更加复杂、商品品种繁多，批量比较少，但是对时效性的要求比较高，所以对包装来说、物流运输信息，保税免税等、对通关业务（特别涉及扣件货物的加工，退货换标等操作）服务水平提出了更高的要求，需要物流运输企业提供全方位，个性化的服务、跨境电商物流增值精细化服务。

（三）跨境电商对物流运输服务时效性提出了更高要求

相对地，国际物流运输管理的传统要素，更突出了物流运输成本与运输效率两大要素。随着经济全球化发展进程不断加快，我国国际贸易活动越来越频繁，对于物流运输服务质量的要求也逐渐提高。以及跨境电商的物流运输等，由于本质上也是电子商务环境下的物流运输，因此，同样重视电子商务在物流运输服务时效性方面的需求。从整体角度来看，跨境电商物流的时

效水平主要受到时间、空间以及成本三个方面影响。在这一点上，与传统的国际物流运输相比，它对时效性要求较高。

（四）在跨境电商背景下，物流运输系统变得更为复杂

跨境电商物流系统作为一个复杂的系统，包含了诸多因素，在它的运作期间，每个因素都具有不同的反馈效果，一个环节或元素一旦出了问题，就会向其他的环节和元素延伸和转移，因而对系统整体运行产生了一定影响。因此，如何优化跨境电商物流运输体系成为亟待解决的现实课题之一。跨境电商物流运输系统是跨境电商物流系统主要子系统，其组成也比普通国际物流运输系统复杂得多。

跨境电商物流运输系统由运输参与者、运输基础设施与运输工具三个组成部分组成。目前，跨境电商物流运作模式包括海外仓、物流专线、邮政包裹、国际快递等，这些业务模式与以国际贸易为主的传统国际物流运输有很大差异性，因此，在物流运输系统建设的过程，针对物流节点选择问题、设计了运输方案及路线、运输方式结合等管理需要高，系统结构亦较复杂。

三、运输在跨境电子商务交易中的地位

（一）运输是跨境电商物流的核心功能

物流的效用主要体现在空间效应、时间效应和流通加工效应上，运输是解决生产与消费在空间和时间上的隔离的有效方法，它也是物流最核心的职能。在跨境电子商务交易中，生产（或供应）与消费在地理上的隔离更是跨越了国境，为有效实现跨境电子商务交易的最终完成，就必须依靠运输手段，并结合运输过程中的包装、装卸搬运、集散运输、报关报验等相关职能，最终实现商品从供应地向消费地的有效空间位移活动。

（二）运输管理能减少物流费用

在物流业务活动过程中，对直接耗费的活劳动和物化劳动所支付的直接费用，主要有运输费、保管费、包装费、装卸搬运费、运输损耗费等。而其中运输费所占的比重最大，是影响物流费用的一项主要因素。特别在当前我

国交通运输很不发达的情况下，更是如此。因此，在物流各环节中如何搞好运输工作，积极开展合理运输，不仅关系到物流时间问题，还会影响到物流费用。物流企业只有千方百计节约运输费用，才能降低物流费用及整个的商品流通费用，提高企业经济效益，增加利润。

（三）运输管理能保证跨境交易顺利进行

一个跨境交易至少涉及两个以上的国家或地区，运输路径长且时间也比较长。要想跨境交易过程顺利进行，就必须对其进行管理。在运输过程中需要协调各个方面的资源来保障商品能按时按量地运输到目的地。物流企业或运输企业的管理，就是对整个运输过程的各个环节——运输计划、发运、接运、中转等活动中的人力、运力、财力和运输设备，进行合理组织，统一使用，调节平衡，监督完成，以求用同样的劳动消耗（活劳动和物化劳动）运输较多的货物，提高劳动效率，取得最好的经济效益。

（四）运输服务的质量是跨境电子商务交易评价的重要影响因素

跨境电子商务交易的网络虚拟性和跨国性的特征，使得消费者在消费决策过程中，需要考虑的风险因素更多、更复杂。其中，物流运输服务质量是影响消费者对跨境电商交易质量评价的重要影响因素之一。尤其是跨境电商物流运输过程中的速度、安全性、运输信息的可视化程度等因素，会对消费者是否选择跨境电商交易模式产生十分重要的影响。

第二节　集装箱运输

一、国际集装箱运输概述

（一）集装箱基本知识

1. 基本概念

集装箱是能装载包装或无包装货进行运输，并便于用机械设备进行装卸搬运的一种组成工具。

集装箱最大的成功在于其产品的标准化，以及由此建立的一整套运输体系。能够让一个载重几十吨的庞然大物实现标准化，并且以此为基础逐步实现全球范围内的船舶、港口、航线、公路、中转站、桥梁、隧道、多式联运相配套的物流系统。

集装箱标准化历经了一个发展过程。国际标准化组织 ISO/TC104 技术委员会自 1961 年成立以来对集装箱国际标准做过多次补充、增减和修改，现行的国际标准为第 1 系列，共 13 种，其宽度均一样（2 438 毫米）、长度有 4 种（12 192 毫米、9 125 毫米、6 058 毫米、2 991 毫米）、高度有 3 种（2 896 毫米、2 591 毫米、2 438 毫米）。

2. 集装箱内部的尺寸

集装箱内部的最大长、宽、高尺寸：高度为箱底板面至箱顶板最下面的距离，宽度为两内侧衬板之间的距离，长度为箱门内侧板梁至端壁内衬板之间的距离。它决定集装箱内容积和箱内货物的最大尺寸。

国际上通常使用的干货柜（DRYCONTAINER）如下。

（1）外尺寸为 20 英尺×8 英尺×8 英尺×6 英寸，简称 20 尺货柜，内容积为 5 898 毫米×2 352 毫米×2 390 毫米。

（2）40 英尺×8 英尺×8 英尺×6 英寸，简称 40 尺货柜，内容积为 12 024 毫米×2 352 毫米×2 390 毫米。

（3）较多使用的 40 英尺×8 英尺×9 英尺 6 英寸，简称 40 尺高柜，为 11.8 米×2.34 米×2.68 米，配货毛重一般为 26 吨，体积为 68 立方米。

（4）45 尺高柜：内容积为 13.58 米×2.34 米×2.68 米，配货毛重一般为 29 吨，体积为 86 立方米。

（5）20 尺开顶柜：内容积为 5.89 米×2.32 米×2.31 米，配货毛重为 20 吨，体积为 31.5 立方米。

（6）40 尺开顶柜：内容积为 12.01 米×2.33 米×2.15 米，配货毛重为 30.4 吨，体积为 65 立方米。

（7）20 尺平底货柜：内容积为 5.85 米×2.23 米×2.15 米，配货毛重为 23 吨，体积为 28 立方米。

（8）40 尺平底货柜：内容积为 12.05 米×2.12 米×1.96 米，配货毛重为 36 吨，体积为 50 立方米。

（二）国际集装箱运输的基本概念

国际集装箱运输是指以集装箱为媒介，将托运人交运的货物从一国的某一地点运至另一国的某一地点，而由托运人支付运费的运输。

国际集装箱运输的主要特点：装卸机械化程度高和运输速度快，船期短，船舶周转快，货物运输包装费用省，安全可靠，货损货差少，适合多式联运，一票到底，方便货主的托运方和收货方。整个过程由集装箱承运人全程负责，即一份运输合同、一份运输单证、一张保险单、一次付费就能把货物交给收货人，这就大大简化了手续，加快了运输速度。

（三）国际集装箱运输开展的条件

（1）要有稳定而集中的货源和流向，货种是高档商品、高货价和高运费率、易碎货及日用杂货等。

（2）在整个运输过程中和各个环节上，要有现代化、高效率的集装箱专用装卸设备和运输船舶。

（3）要有健全和高效的管理机构与管理制度，保证各个环节不受阻和有条不紊地顺利运行。

（4）要有完整的水运和内陆的运输网络，保证港口、各中转站的集装箱能及时地集中和疏散。

（5）集装箱和货物的包装都要按照统一的规格实行标准化，以提高货物装箱和集装箱装卸的效率。

（四）国际集装箱运输的交接方式和交接地点

1. 整箱交接

（1）门到门交接：门到门交接的货物一般为整箱货。此种交接形式适合只有一个发货人、一个收货人，由承运人负责内陆运输。

（2）场到场交接：这是一种在装船港堆场接收货物，并将其运至卸船港码头堆场交货的交接方式。

（3）门到场交接：在发货人的工厂或仓库接收货箱后，由承运人负责运至卸船港集装箱码头堆场交货，目的地的内陆运输则由收货人自己负责安排。

（4）场到门交接：这是指在装船港集装箱码头堆场接收货箱，由承运人负责运至收货人工厂或仓库交货的交接方式，即整箱接收、整箱交付。

2. 拼箱交接

在这种交接方式下集装箱的具体交接地点只有一种情况，即站到站。这是指发货人将货物送往起运地或集装箱货运站，货运站将货物拼装后交承运人，承运人负责运至目的地或卸箱港的集装箱货运站进行拆箱，当地的货运站按件交给各个有关收货人。

3. 整箱交货、拆箱收货

集装箱具体的交接地点有以下两种情况。

（1）门到站交接：在发货人的工厂或仓库接收货箱后，由承运人负责运至目的地集装箱货运站交货，即整箱货接收、拼箱货交付。

（2）场到站交接：这是一种在装船港集装箱码头堆场接收货箱，并将其运至目的地集装箱货运站的交接方式。

4. 拼箱交货、整箱收货

（1）站到门交接：这是一种承运人在起运地集装箱货运站接收货箱，并将其运至收货工厂或仓库的交接方式。

（2）站到场交接：这是一种承运人在起运地集装箱货运站接收货箱后，负责运至卸船港集装箱码头堆场，整箱交付收货人的交接方式。

二、集装箱运输系统

（一）集装箱运输系统构成要素

集装箱运输系统的基本构成要素如下。

1. 适箱货源

并不是所有的货物都适合于集装箱运输。从是否适用于集装箱运输的角度，货物可分成四类。

（1）物理与化学属性适合于通过集装箱进行运输，且货物本身价值高，对运费的承受能力大的货物。

（2）物理与化学属性适合于通过集装箱进行运输，货物本身价值较高，对运费的承受能力较大的货物。

（3）物理与化学属性适合装箱，但货物本身价值较低，对运费的承受能力较差的货物。

（4）物理与化学属性不适合装箱，或者对运费的承受能力很差，从经济上看不适于通过集装箱运输的货物。

以上第一种货物称为"最佳装箱货"，第二种货物称为"适于装箱货"，第三种货物称为"可装箱但不经济的装箱货"，第四种货物称为"不适于装箱/货"。

集装箱运输所指的适箱货源，主要是前两类货物。对于适箱货源，采用集装箱方式运输是有利的。

2. 标准集装箱

前面罗列了国际标准集装箱的含义。除了国际标准集装箱外，各国还有一些国内和地区标准集装箱，如在我国国家标准中，就有两种适于国内使用的标准集装箱（5D 与 10D）。

3. 集装箱船舶

集装箱船舶经历了一个由非专业到专业转化的过程。最早的集装箱船舶是件杂货与集装箱混装的，没有专门装载集装箱的结构。发展到现在，在国际海上集装箱运输使用的集装箱船舶，均已专业化，而且船型越来越大。内河运输的集装箱船，大多是由原来的驳船改造的。

4. 集装箱码头

与集装箱水路运输密切相关的是集装箱港口码头。集装箱水路运输的两端必须有码头，以便装船与卸船。早期的集装箱码头也与件杂货码头交叉使用，是在件杂货码头的原有基础上配备少量用于装卸集装箱的机械，用于处理混装的件杂货船舶上的少量集装箱。这类码头目前在我国一些中小型的沿海港口和内河港口还经常可以看到。现代化的集装箱码头已高度专业化，码头前沿机械配置、场地机械配置、堆场结构与装卸工艺配置均完全与装卸集装箱配套。

5. 集装箱货运站

集装箱货运站（CFS）在整个集装箱运输系统中发挥了"承上启下"的重要作用，是一个必不可少的基本要素。集装箱货运站按其所处的地理位置和不同的职能，可分为设在集装箱码头内的货运站、设在集装箱码头附近的货

运站和内陆货运站三种。集装箱货运站的主要职能与任务是集装箱货物承运、验收、保管与交付；拼箱货的装箱和拆箱作业；整箱货的中转；实箱和空箱的堆存和保管；票据单证的处理；运费、堆存费的结算等。

6. 集装箱卡车

集装箱卡车主要用于集装箱公路长途运输、陆上各结点之间（如码头与码头之间、码头与集装箱货运站之间、码头与铁路办理站之间）的短驳以及集装箱的"末端运输"（将集装箱交至客户手中）。

7. 集装箱铁路专用车

集装箱铁路专用车主要用于铁路集装箱运输，即主要用于集装箱的陆上中长距离运输和所谓的"陆桥运输"。

（二）集装箱运输系统的主要关系人

1. CY（集装箱堆场）

注意：CY 仅指集装箱码头里的堆场，不可指其他地方的集装箱堆场。

2. DR

DR 指 Shipper 或 CNEE 的工厂或 W/H（仓库）的大门。

注：有些人将 Door 写作 House。

3. CFS（集装箱货运站）

集装箱货运站又叫拼装货站或中转站。主要为拼箱货（LCL）服务，它是 LCL 办理交接的地方。其主要职能：对出口货，从发货人处接货，把流向一致的货拼装在柜中；对进口柜，负责拆柜并交货给收货人。

大多 CFS 设在港口内或港区附近，少数设于内陆，称为内陆货站。

除以上三个外，集装箱运输系统的关系人还有班轮公司、无船承运人（或译为无船承运业务经营者）、集装箱出租公司、船代公司、货代公司、外轮理货公司、全程联运保赔协会、海关、功率铁路承运人等。

三、国际集装箱运输流程

（一）FCL 和 LCL 流程

集装箱货物交接主要有两种不同的形态。一种叫整箱货，其流程如图所

示；另一种叫拼箱货，其流程如图 6-1 和图 6-2 所示。

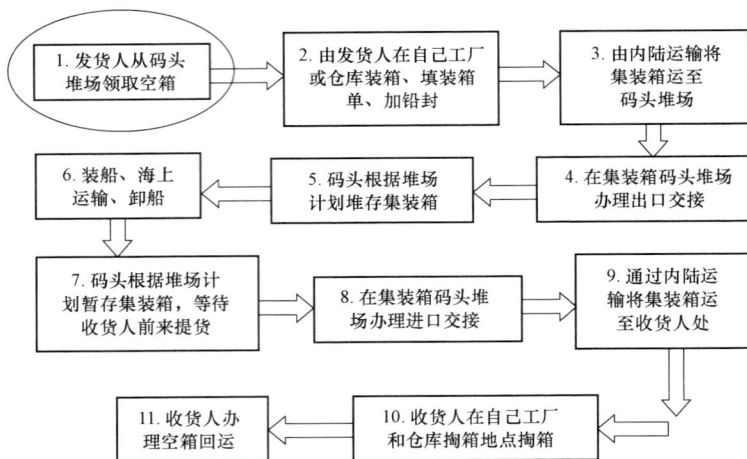

图 6-1　集装箱整箱（FCL）流转过程

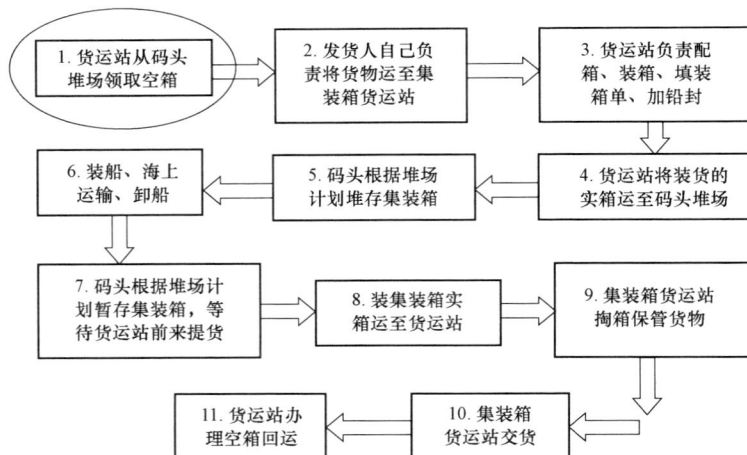

图 6-2　集装箱拼箱（LCL）流转过程

（二）集装箱码头进口业务流程及其具体操作

在集装箱进口货运业务中，码头主要负责卸船、箱货的暂时堆存、箱货的交付等业务。全过程可分为四个阶段。

1. 卸船前的准备

（1）收集整理进口资料

为了确保集装箱船舶能及时靠泊和顺利卸货，船公司或代理需在规定的

时间内向集装箱码头提供船舶动态信息和进口集装箱单证资料（EDI 报文），以便为进口卸船作业做好充分的准备工作。因此，对于远洋航线定期班轮，一般要求船公司或其代理在船舶到港前 72 小时，向集装箱码头提供如下进口集装箱货运单证资料：

① 进口舱单；

② 进口船图；

③ 集装箱箱号清单；

④ 危险品箱清单及准单；

⑤ 冷藏箱、特种箱和捎带散杂货清单；

⑥ 集装箱残损单。

对于近洋航线船舶，则要求船舶抵港前 24 小时，能通过传真形式，向集装箱码头发送货物和箱位信息，其内容如下：船箱位、提单号、箱型、箱号、货名、重量、整拼箱货物情况、收货人、合同号、特种货物资料等。如果船舶载有危险品货物，船公司或代理必须向海事局申请办理"危险货物载运申报单"手续，将其中的一份交给码头计划部门。

（2）制订船舶靠泊计划

船公司在收到船舶从最后装运港寄来的集装箱货运资料后，应预计船舶到港时间，并将预计到港时间（ETA）通知码头，同时船公司按集装箱码头要求，在规定时间内，尽早将有关进口集装箱货运资料送交集装箱码头。主要包括：

① 船舶近期计划（目前基本不做）；

② 船舶昼夜计划。

（3）进口集装箱货运资料的签收

集装箱码头的单证管理员收到船公司提供的进口集装箱货运资料后，要核数、签收、复印和分发。

（4）编制卸船计划

码头计划员收到有关进口集装箱的货运资料后，应认真及时地进行分析、核对，然后根据计划靠泊方向，按船图编制集装箱卸船计划，即编制集装箱卸船顺序单。集装箱卸船顺序单按照集装箱的船箱位编制。编制的原则是由后往前、由上到下、由里向外，逐层编制。为了避免卸船作业出差错，要求

最好一次编完。

为能尽量缩短船舶在港停泊时间，码头堆场必须制订进口卸船计划。集装箱船卸船作业与装船作业往往同时进行，因此，在制订计划时，必须同时考虑装船作业与卸船作业。

（5）安排堆存计划

进口箱在码头堆场堆放得合理与否，不但会影响卸船计划的顺利进行，而且还会影响货主提箱，即交货计划的进行。码头堆场必须充分考虑进口集装箱的箱量、箱型、危险品、交货地等因素，制订合理的堆存计划。

在制订堆存计划时，一般要考虑以下几点堆存原则：

① 不同尺寸的集装箱分开堆放；

② 空箱与重箱分开堆放；

③ 整箱和拼箱分开堆放；

④ 同一提单号的大票货集中堆放；

⑤ 中转箱单独堆放；

⑥ 特种箱堆放在特种堆场；

⑦ 危险品箱堆放在危险品堆场；

⑧ 冷藏箱堆放在冷藏箱堆场。

堆场计划员根据上述堆存原则，在船舶作业开工前至少 8 小时，完成卸船堆存计划。

2. 卸船作业

（1）核对计划。

船舶到港后，码头进口业务员或桥边指挥员上船向船方领取随船到港资料，包括船图、舱单资料，并向船方了解有关进口箱货位的实载情况。如果实载情况与原始资料有出入，应迅速调整卸船计划，同时更正相应的堆存计划。

（2）开工准备。

综合控制员在开工前将卸船顺序单、船图各一份交给船边验箱员；其余的交给桥边指挥员、堆场指挥员、外轮理货员。

卸船作业开始前半小时，装卸工拆除船上的绑扎，并协助验箱员和理货员检查箱子的外表状况。如发现集装箱有残损，验箱员和理货员要做好集装

箱的设备交接单的缮制工作。双方认可后，各持一份。

（3）桥吊卸船及验箱。

卸船作业开始，船边验箱员按卸船顺序单上列明的卸船顺序，核对桥吊下的集装箱箱号，检查外表及铅封是否完好。如果箱号正确，外表及铅封完好，则在卸船顺序单上填上该箱的实卸时间；如果箱号有误或外表及铅封有损，则应该在该集装箱箱号后注明异常情况，并立即会同理货员向船方提出，请船方确认。然后，由外轮理货员加封、做好记录，并缮制设备交接单。集装箱如在装卸过程中有残损，应认真填制集装箱设备残损报告单，并由负责人签字。

（4）桥吊卸船及验箱。

桥吊司机将集装箱吊到等在码头前沿的集装箱拖车上，船边验箱员按卸船顺序单上列明的堆场计划箱位，指令集卡将箱运到指定堆场（目前，集卡通过无线终端获得指令）。

（5）堆场收箱。

卸船前控制室的场业控制员（场控）指挥轮胎吊到达指定堆场位置待命。集卡到达指定的堆场后，轮胎吊收箱。轮胎吊司机在箱落地后，将实际箱号和箱位及时通知控制室的控制文员，控制文员实时将箱号和箱位输入计算机内（目前，落箱信息通过无线终端由轮胎吊发送给场控）。

（6）复核和交接。

工班结束后，各当班人员应认真做好单证的复核、验箱和交接，上一班应向下一班交接完成情况以及未完成的作业。

3. 卸船结束后小结

（1）编制进口集装箱单船小结。

船舶卸船结束后，配载室进口文员将实卸箱号清单同进口舱单资料进行核实，完成溢缺校对更正后，编制进口集装箱单船小结。小结的内容包括船名、航次、靠泊时间、总卸箱数、开工和完工时间、溢缺清单、残损清单等。

（2）编制进口卸船清单。

编制进口卸船清单。

（3）资料汇总、分发、归档。

进口文员做完上述两项工作后，接着就要做交接工作，将全部单船进口

资料和全部单证报表列明清单交单证管理员。单证包括：

① 进口船图；

② 进口舱单；

③ 卸船顺序单；

④ 进口卸船清单；

⑤ 残损箱"设备交接单"；

⑥ 进口单船小结；

⑦ 危险货物清单；

⑧ 集装箱残损单。

4. 箱货的交付（整箱交付、拆箱交付）等

为了使集装箱码头的卸船工作能顺利进行，防止进口货物在码头堆场的积压，同时不使集装箱闲置，加速箱周转速度，在集装箱运输中，一般都由船公司先向收货人发出提货通知。收货人接到提货通知后，凭正本提单到船公司换取提货单，随附费用账单和交货记录两联。收货人持上述单证随其他进口货物报关、包验单证、办理完"一关三检"、放箱、理货和办完陆管处手续后，到码头办理提货手续。

码头箱货交付作业根据货物交付条款 DOOR、CY、CFS 对应三种作业方式：整箱提运作业、拆箱车提（落驳）作业和仓库提货作业。

（三）装箱码头出口业务流程及其具体操作

在集装箱出口货运业务中，码头主要负责收箱、箱货的暂时堆存、箱货的装船等业务，主要体现为以下业务。

1. 船舶到港前的业务

船舶到港前的业务包括资料搜集、发放空箱、制作装船船图、集港待装。

与进口业务一样，集装箱码头要顺利地完成出口集装箱装船作业，必须预先收到出口集装箱的单证资料，以便做好各项准备工作。因此，集装箱码头一般要求船公司或其代理在出口箱装船前八天提供如下必要单证资料：出口用箱计划，出口装货清单。

集装箱码头单证管理员签收上述单证后，要做好分单工作。将出口装货清单和预配清单交给配载计划员，将用箱计划交给箱务管理员，如系拼箱货，

还应将出口装货清单复印后交给货运站（目前码头公司把拼箱货外包出去，仓库一般不做拼箱）。

（1）拼箱货作业装船准备工作。

拼箱货物于 CFS 装箱后，运至码头堆场准备装船。货运站向码头堆场交箱时，应提供以下单证资料：

① 装箱单；

② 场站收据；

③ 出口许可证；

④ 特种货物清单。

（2）整箱货作业装船准备工作。

整箱货指达到一个或一个以上集装箱容积的 75% 或箱重负荷的 95% 的货物。整箱货一般由托运人到集装箱码头提取空箱（需办理设备交接单手续），运回自己的仓库装箱，装箱完毕后，再运回码头等待装船。集装箱运输方式不采用直接装船，而是集港待装，一般船到港前 3 天会开港进箱，如遇天气问题，延期开港。

2. 装船作业

（1）出口重箱的进场

确定进场时间和进场堆存方式。集装箱出口装船，无论是整箱、拼箱或空箱，一般都必须先移到码头堆场等待装船（集港待装），但有时也有船边直装的集装箱（直装），如某些不能在堆场存放的危险品箱。为了确保装船作业能顺利进行，码头一般规定出口箱的进场的截止期限（一般为装船作业开始前的 10 小时），如果出口箱到港区时间超过规定的期限，码头可以根据实际情况决定是否同意进场。集装箱装船前要经过三道放行：船公司（截港）、海关（截关）、码头（放关）。

（2）编制配载图

码头配载计划员应根据事先掌握的出口箱货情况，进行船舶的预配载和实配载工作，编制船舶的配载船图，交控制室作为指挥装船作业的依据。船公司或其代理在出口箱进场的前一天，将预配船图送交码头配载计划，码头配载员根据装箱单、货代送来的经海关放关的场站收据和预配船图进行配载制作。船图在送船方确认签字后方能生效，如船方根据实际情况有所改动，

配载员应进行调整。

配载工作完成后，配载员根据船图和出口箱的场箱位编制装船顺序单，将出口箱装船顺序单在电脑中生成，利用网络系统将信息发送至控制室，作为控制室指挥装船作业的依据。

控制室收到信息后，打印装船顺序单，一式数联，自己留底一份，其余交现场班。各生产人员在装船前半小时进入各自的工作岗位。

（3）堆场发箱

堆场员按控制室的指令发箱。发箱时，核对箱号，指挥场地机械发箱，并在装船顺序单上做注销记录。目前是集卡按照指令到达相应位置等待，轮胎吊司机接到场控指令发箱。

（4）船边验箱及装船

集卡或其他水平运输机械将集装箱运至码头前沿，船边验箱员在船边按顺序号核对箱号，并检查集装箱的外表状况和铅封。如发现有残损，应立即会同外轮理货员编制设备交接单，双方签字，各持一份。桥边指挥员（接到控制室船控指令后）指挥桥吊将集装箱吊至指定的船箱位，外轮理货员记录下集装箱的实际船箱位。

桥边指挥员将装船的进度及时通知控制室的桥边指挥员，桥边指挥员确认后，通知电脑文员在电脑中进行出口箱的装船确认工作（无线终端实现，一旦装船确认，在船图上会有显示）。

集装箱正式装船后，船长在"码头装卸作业签证"上签字，表示船方确认集装箱已装船。

3. 装船结束工作

（1）交接工作

工班结束后，船边验箱员将装船顺序单等单证交桥边指挥员汇总，由桥边指挥员和外轮理货员办理交接手续。

堆场员将做完的装船顺序单交控制室船舶控制员签收。外轮理货员制作实际装船船图，交船公司。

（2）单证处理

集装箱码头堆场必须缮制各类货运单证，以便与船舶办理集装箱的交接

手续。所需缮制的单证主要有：

① 危险品货物清单；

② 冷藏箱清单；

③ 装货清单；

④ 设备交接单。

四、集装箱运输费用

（一）费用构成

1. 整箱/整箱

装港拖箱费+码头操作费+运费+卸港码头操作费+拖箱费。

船公司提供的拖箱费+码头操作费+运费+拆箱费。装箱费+运费+拆箱费。

装箱费+运费+码头操作费+船公司提供的拖箱费。

（二）运费

1. 包箱费率

以每个集装箱为计费单位，据中国远洋运输公司使用的交通运输部《中国远洋货运运价本》，有以下 3 种包箱费率。

（1）FAK 包箱费率：即对每一集装箱不分货类统一收取的费率。

（2）FCS 包箱费率：按不同货物等级制订的包箱费率。货物等级也是 1～20 级，但级差较小。一般低价货费率高于传统运输费率，高价货费率则低于传统费率；同一等级货物的实重货运价高于体积货运价。

（3）FCB 包箱费率：既按不同货物等级或货类，又按计算标准制订的费率。同一级费率因计算标准不同，费率也不同。如 8～10 级，CY/CY 交接方式，20 英尺集装箱货物如按重量计费为 1 500 美元，如按尺码计费则为 1 450 美元。

2. 最低运费方式

规定最低运费等级：如中远公司规定以 7 级货为最低收费等级，低于 7 级货均按 7 级收费。

规定最低运费吨：如远东航运公司规定，20 英尺箱最低运费吨实重货为 17.5 吨，尺码货为 21.5 立方米，W/M 21.5 运费吨。

规定最低箱载利用率。

3. 最高运费方式

规定最高计费吨，如在货物体积超过集装箱通常载货容积时，仍按标准体积收费。若按等级包箱费率计费，而箱内等级不同时，则可免较低货物等级的运费。

规定最高计费等级，不高于该货物等级的货物，均以规定的最高计费等级收费。

第三节　班轮运输

一、基本概念

（一）班轮运输的基本定义

班轮运输，又称"提单运输"，是指托运人以一定数量的货物作为船公司的承运人，船公司按照固定的路线，沿着固定的港口停泊，在固定的日期和固定的运费率进行国际海上货物运输。它是海上货物运输中使用最广泛的方法。航运公司或其代理人在接受托运货物后，签发作为班轮运输合同形式和证据的提单。

班轮航运最早出现于 19 世纪初，是美国最早采用的。1818 年，美国黑球轮船公司开通了一条从纽约到利物浦的定期航线，用帆船运送来自海外的移民、邮件和货物。19 世纪 40 年代，它扩展到中东、远东和澳大利亚，19 世纪 40 年代，英国 1824 年开通了伦敦、汉堡和鹿特丹之间的轮船航线。从那时起，日本、德国、法国等航运公司开始经营班轮运输，拥有跨大西洋和太平洋的跨全球航线。中国于 19 世纪 70 年代开始沿海和长江实行班轮运输。20 世纪初，在长江等内陆河流上开展了班轮航运。中华人民共和国成立仪式后，大连—上海定期班轮航线开通。1961 年，中国远洋运输总公司成立，并开始建立中国远洋运输船队和国际班轮航线。

（二）班轮运输的特征

班轮运输有"四定一负责"特点。航线、停靠港口、船期、运费率固定。承运人负责装和卸。

（1）具有"四固定"的特点，即是固定航线、固定港口、固定船期和相对固定的费率。这是班轮运输的最基本特征。

（2）班轮运价内包括装卸费用，即货物由承运人负责配载装卸，承托双方不计滞期费和速遣费，也不规定装卸时间。

（3）承运人对货物负责的时段是从货物装上船起，到货物卸下船止，即"船舷至船舷"或"钩至钩"。

（4）承运双方的权利义务和责任豁免以签发的提单为依据，并受统一的国际公约的制约。

（5）班轮运输面向大量的货主，单个货主所托运的货物数量不多，但通过班轮运输的货物，在海上运输中往往价值较高。

（三）班轮运输的作用

（1）有利于一般杂货和不足整船的小额贸易货物的运输。班轮只要有舱位，不论数量大小、挂港多少、直运或转运都可接受承运。

（2）由于"四固定"的特点，时间有保证，运价固定，为贸易双方洽谈价格和装运条件提供了方便，有利于开展国际贸易。

（3）班轮运输长期在固定航线上航行，有固定设备和人员，能够提供专门的、优质的服务。

（4）由于事先公布船期、运价费率，有利于贸易双方达成交易，减少磋商内容。

（5）手续简单，货主方便。由于承运人负责装卸和理舱，托运人只要把货物交给承运人即可，省心省力。

（四）开展班轮运输必须具备的条件

（1）班轮运输必须配备技术先进、设备性能齐全的船舶。

（2）班轮运输必须具备充足的货源条件。

（3）开展班轮运输必须配备技术熟练、高素质的海员。

（4）开展班轮运输必须要有一套适宜于小批量、多批次接受货物运送的货运程序。

二、班轮运输的程序

（一）揽货和订舱

1. 揽货和订舱的概念

揽货是指从事班轮运输的船公司为使所经营的班轮运输船舶在载重量和舱容上得到充分利用，力争做到"满舱满载"，以期获得最好的经济效益而从货主那里争取货源的经营行为。

订舱是托运人或其代理人向承运人，即班轮公司或它的代理机构申请货物运输，承运人对这种申请给予承诺的行为。

2. 订舱与国际贸易术语

订舱与国际贸易成交条件的关系：以 FOB 价格条件成交的，由进口商负责订舱；以 CIF 或 CFR 条件成交的，由出口商负责订舱。

（二）装船与卸货

1. 装船的一般形态

由于货物的多样性，货物不能都集中到船边，因此班轮运输的货物一般都不采用直接装船的方式。而是采用集中装船的模式。

（1）仓库收货，集中装船——主要是针对件杂货；

（2）堆场收货，集中装船——主要是针对集装箱；

（3）中流作业——船舶在锚地，以小船靠大船，直接过驳的方式装船。

2. 卸货的一般形态

与集中装船的模式相对应，班轮运输一般都是采用"集中卸货，仓库（堆场）交付"的卸货方式。

（三）交付货物

1. 交付货物的基本手续

（1）船公司代理通知收货人；

（2）收货人缴清各项费用，凭提单换取提货单；

（3）船公司代理签发提货单（D/O）；

（4）未交清各项费用的，船公司可根据提单"留置权条款"扣留货物。

2. 交付货物的方式

（1）集装箱一般都是 CY 交货；

（2）拼箱货一般都是仓库交货；

（3）船边交付货物也称"现提"；

（4）货主选择卸货港或变更卸货港交付货物，有两种方式：选择或变更卸货港是班轮航线的挂靠港；托运人在班轮抵达第一卸货港之前 24 小时提出申请；

（5）凭（银行）保函交付货物。

三、主要货运单证及其流程

（一）在装货港编制使用的单证

1. 托运单（B/N）

托运单也叫订舱单，是托运人向船公司或其他承运人订舱托运时提供的书面申请，一般按船公司的统一格式提供。该单证一经承运人确认便作为承、托双方订舱的凭证，亦意味着承、托双方对货物运输的合同关系即告建立。

承运人确认订舱要给出书面确认，其中最主要的是给出订舱号。

订舱单的主要内容应包括：

（1）托运人名称，收货人名称，通知人名称；

（2）货名、件数、包装式样、标志、重量、尺码；

（3）装货港，卸货港，目的地；装运期限；

其他特别要求，如不能转船运输、运费到付、对签发提单的要求、指定或限制某些船公司等。

2. 装货单（S/O）

装货单不是单独一份文件，而是俗称"五联单"中的第一联，它是托运人在专柜交进码头后，凭"入闸纸"及电脑联网信息到专门的打单公司制作的。

五联单的各联：（1）装货单（S/O）俗称关单，用于报关，海关盖章放行后又叫"海关放行条"；（2）场站收据（又叫收货单，D/R）；（3）海关存查联；（4）船代留底；（5）托运人留底。

3. 收货单（D/R）

又叫场站（大副）收据。

4. 提单（B/L）

海运提单简称提单。

5. 装货清单（L/L）

装货清单是承运人或其代理根据装货单留底，将全船待装货物按目的港和货物性质归类，依航次、靠港顺序排列编制的货物总明细表。其内容包括装货单编号、货名、件数、包装形式、毛重、估计尺码及特种货物对装运的要求或注意事项的说明等。

装货清单是船上大副编制配载计划的主要依据，又是供现场理货人员进行理货，港方安排驳运，进出库场以及承运人掌握情况的业务单据。

6. 载货清单（M/F）

装货清单是按卸货港的顺序逐一列出实际装船货物的汇总清单。货物装船后，由船公司的代理人根据大副的收据或提单准备，然后送交船长确认。舱单，也称为"舱单"，应说明船舶的名称和国籍，开航日期，到达港口，目的港等。

舱单是国际海上运输中船舶上的重要凭证，是证明船舶所载货物合法性的重要凭证。如果国家海关对怀疑载有货物的船舶进行检查，船长应提交舱单，如果船长无法提供合法舱单，或者如果舱单上记录的货物与船舶实际载运的货物不符，海关将被视为走私。

7. 危险货物清单和集装箱危险货物装箱证明书

运载危险品时，承运人除须将已装运的危险品列入装货清单及在备注栏列明有关详情外，亦须根据托运人提供的有关危险品申报资料拟备危险品清单。

托运人提供的相关危险货物申报材料包括集装箱危险货物包装证书、包装危险货物安全性能申报表、运输危险货物船舶申报表。

危险品清单一般须记载以下一些主要内容：托运人的姓名和地址；收货

人的姓名和地址；危险品货物的品名、危险级别、联合国编号、件数、重量和体积；集装箱的箱号、积载位置、卸货港等。

8. 货物积载图

货物积载图是根据装货清单编制的，以图示的形式来表示货物在船舱的位置的文件，它是装卸公司和理货公司安排装船作业的指导文件。

（二）在卸货港编制使用的单证

1. 卸（理）货报告

卸货报告事实上是一份更详细的进口载货清单，它是根据在卸货港卸下的全部货物的情况重新按票汇总而编制的。它较载货清单增加了卸货方式、实交数量、溢卸数量、残损数量和备注栏等项目。对货物的外表状况、内容、残损、溢短等情况，均在卸货报告的备注栏内批注，并经过装卸公司和船上大副共同签字确认。

理货报告也是日后收货人向承运人提出索赔的证明材料之一。

2. 提货单（D/O）

提货单是轮船公司交给收货人用以从船上或仓库提取货物的凭证。

（三）班轮运输流程

班轮运输包括以下步骤。

（1）托运人向船公司在装货港的代理人（也可直接向船公司或其营业所）提出货物装运申请，递交托运单，填写装货联单。

（2）船公司同意承运后，其代理人指定船名，核对装货单与托运单上的内容无误后，签发装货单，将留底联留下后退还给托运人，要求托运人将货物及时送至指定的码头仓库。

（3）托运人报检、投保后将货物运至港口仓库。持装货单及有关单证向海关办理货物出口报关、验货放行手续，海关在装货单上加盖放行图章后，货物准予装船出口。

（4）船公司在装货港的代理人根据留底联编制装货清单送船舶及理货公司、装卸公司。

（5）大副根据装货清单编制货物积载计划交代理人分送理货、装卸公司

等按计划装船。

（6）托运人将经过检验及检量的货物送至指定地点准备装船。

（7）货物装船后，理货长将装货单交大副，大副核实无误后留下装货单并签发收货单。

（8）理货长将大副签发的收货单转交给托运人。

（9）托运人持收货单到船公司在装货港的代理人处付清运费（预付运费的情况下）换取正本已装船提单。

（10）船公司在装货港的代理人审核无误后，留下收货单签发提单给托运人。

（11）托运人持提单及有关单证到议付银行结汇（在信用证支付方式下），取得货款，议付银行将提单及有关单证邮寄到开证银行。

（12）货物装船完毕后，船公司在装货港的代理人编妥出口载货清单送船长签字后向海关办理船舶出口手续，并将出口载货清单（MF）交船随带，船舶启航。

（13）船公司在装货港的代理人根据提单副本（或收货单）编制出口载货运费清单连同提单副本、收货单送交船公司结算代收运费，并将卸货港需要的单证寄给船公司在卸货港的代理人。

（14）船公司在卸货港的代理人接到船舶抵港电报后，通知收货人船舶到港日期，做好提货准备。

（15）收货人到开证银行付清货款取回提单（在信用证支付方式下）。

（16）卸货港船公司的代理人根据装货港船公司的代理人寄来的货运单证，编进口载货清单及有关船舶进口报关和卸货所需的单证，约定装卸公司、理货公司联系安排泊位，做好接船及卸货准备工作。

（17）船舶抵港后，船公司在卸货港的代理人随即办理船舶进口手续，船舶靠泊后即开始卸货。

（18）收货人持正本提单在船公司在卸货港的代理人处办理提货手续，付清应付的费用后，换取代理人签发的提货单。

（19）收货人办理货物进口手续，支付进口关税。

（20）收货人持提货单到码头仓库或船边提取货物。

四、班轮运价与运费

（一）运价与运价本

班轮运输承运人为完成货物运输而从托运人那里取得的报酬，称为班轮运费；而计算班轮运费的费率，则称为班轮运价。班轮运价一般是以运价本的形式对外公布的。

1. 班轮运价本的种类

（1）按运价的制订者划分。

① 班轮公会运价——加入公会的会员船公司使用的运价，任何一家会员船公司无权修改和调整。

② 班轮公司运价——由班轮运输公司自行制订并负责调整或修改的运价。

③ 双边运价——由船、货双方共同商定、共同遵守的运价。

④ 货方运价——由货方制订，船方接受采用的运价。

（2）按运价制订的形式划分。

① 单项费率运价：分别对各种不同的货物在不同的航线上逐一制订的运价。它以商品名称为纵列，以航线（港口）为横排，查询起来非常方便。

② 等级运价：它由"商品分级表"和"运价表"两部分组成。先将全部货物划分为若干个等级，然后为不同等级的货物在不同的航线和港口间运输制订某一运价。同一等级的货物运价相同。它以商品等级为纵列，以航线（港口）为横排。

③ 航线运价：不分运输距离的长短，只按航线、货物名称或等级制订的运价。也就是按区域划分航线，在同一区域内的基本港无论远近，同一运价。非基本港则另收一附加费。集装箱班轮运价多采用这种形式。而且，除特殊货物外，不再对商品分级。

2. 运价本的内容

（1）说明及有关规定——相当于运价本的总则及条款部分。

① 几乎所有班轮公司都规定：运价本是提单的组成部分。

② "港口条款"。即将一些并非承运人规定，而是有关港口或政府的特别规定或习惯做法，以运价本条款的形式列明，以明确责任，避免纠纷。

（2）商品分级表——列明各种货物所属的运价等级和计费标准的一览表。

我国将远洋运输的货物分为 20 个级别。货物运价分级表不可能将成千上万的商品货物一一列名，只能选取每一级别货物中有代表性的、标志性的货物列名，称为"列名货物"，其他的则用"集合名称"或"未列名的×××"表。

（3）航线费率表——由基本港、货物等级、费率三部分组成。

（4）附加费率表——① 以公告或通知的形式表现的附加费率；② 在运价本中以附加说明的形式表现的附加费率；③ 单独以附加费率表形式表现的附加费率。

（二）计费标准

计费标准是指计算运费时使用的计费单位。在班轮运输中，主要使用的计费标准是按容积和按重量计算运费的；对于高价值货物，则按其货价的一定百分比计算运费；对于某些特定的商品也会按其实体的个数或件数计算运费。

各种不同的商品应按何种计费标准计算运费，在船公司制订的运价表中都有具体的规定。通常都有如下各种符号表示。

（1）以"W"表示：指该种商品应按商品的毛重计算运费。在实际业务中，一般规定凡一吨重量货物的体积小于 40 立方英尺或 1 立方米的货物按其重量计收运费。重货按重量计收运费。

（2）以"M"表示：指该种商品应按尺码或体积计算运费。在实际业务中，一般规定凡一吨重量货物的体积大于 40 立方英尺或 1 立方米的货物按其尺码计收运费。轻泡货按体积计收运费。

（3）以"W/M"表示：指该种商品分别按商品的毛重和体积计算运费，并选择其中运费较高者收取运费。

（4）以"Ad.Vai."表示：指该种商品按其 FOB 价格的一定百分比计算运费，这种运费也称为从价运费。

（5）以"Ad.Vai.Or W/M"表示：指该种商品按其 FOB 价格的一定百分比计和毛重、体积计算运费，并选择其中运费较高者收取运费。

（三）班轮运费的构成

班轮运输应收取的运费分为基本运费和附加费两部分。基本运费是对任何一种货物都要计收的运费；附加运费是视不同情况而加收的运费。

1. 基本运费

在班轮运输航线上为基本港之间的运输而制订的运价称为基本运价或基本费率。

基本港：班轮运输的船舶在某一航线上定期或经常挂靠的主要港口。

2. 附加费

附加费名目繁多，而且经常变动。

（1）超重、超长、超高附加费。在运输中，如货物的重量和尺寸超过某一标准，则相应加收超重、超长附加费。我国规定的具体标准：单件货物的重量超过 5 吨的为超重货，长度超过 9 米的为超长货。

（2）直航附加费。直航附加费是指托运人要求承运人将其所托运的货物从装船港装船后，不经过转船而直接运抵航线上某一非基本港时所增收的附加费。

（3）转船附加费。转船附加费是指货物必须在中途挂靠港口换装另一船舶才能运到目的港时，承运人加收的附加费。

（4）港口附加费。港口附加费是指由于港口拥挤，或者港口作业效率较低，或者港口收费较高等情况加收的附加费。常见的有港口拥挤附加费。

（5）燃油附加费。燃油附加费是指因国际市场上燃油价格上涨，船舶的燃油费用支出超过原核定成本，承运人为补偿燃油费用的增加而收取的附加费。

此外还有旺季附加费、战争风险附加费、特殊柜型附加费、特殊货物附加费、汇率变动附加费等。

第七章 跨境电商海关清关

第一节 海关的性质、权利和职能

现行《中华人民共和国海关法》（以下简称《海关法》）规定："中华人民共和国海关是国家的进出关境监督管理机关。海关依照本法和其他有关法律、行政法规，监管进出境的运输工具、货物、行李物品、邮递物品和其他物品，征收关税和其他税费，查缉走私，并编制海关统计和办理其他海关业务"。

《京都公约》中规定："海关"指负责海关法的实施、税费的征收并负责执行与货物的进口、出口、移动或储存有关的其他法律、法规和规章的政府机构；"海关办公机构"指负责办理海关手续的海关行政单位及为此由主管机构批准开设的办公地点或其他场所。

一、海关的性质

（一）海关是国家行政机关

海关从属于国家行政管理体制，是国家行政机关。海关总署是国务院直属机构。海关的权力来自国家，具有国家权力的基本特点，即主权性和强制性。

（二）海关是国家进出关境监督管理机关

海关是由国家设立并代表国家设立的一个行政部门，负责监督和管理所有进出海关领土的运输工具、货物和物品。海关应当根据法律、行政法规赋予的权力，制定具体的海关行政法规和措施，对出入境活动进行监督管理，

依法惩处有关违法行为。

（三）海关是国家行政执法机关

海关是执行国家行政管理有关制度的行政执法机关。海关的监督管理活动包括行政监督、行政处理、行政处罚、行政执法等执法活动。海关执法是根据现行海关法和其他有关法律，即全国人大或全国人大常委会制定的有关海关监督管理的法律、法规、行政法规，即国务院制定的法律规范进行的。此外，海关总署可以根据法律、行政法规、国务院决定和命令，制定法规，补充和完善执法依据。

二、海关的权力

根据《海关法》及有关法律法规的规定，海关在执行公务过程中，可以行使以下权力。

（一）检查权

除法律另有规定以外，在海关监管区检查进出境运输工具；在海关监管区和海关附近沿海沿边规定地区，检查有走私嫌疑的运输工具和藏匿有走私货物、物品的场所，检查走私嫌疑人的身体，检查与进出口活动有关的生产经营情况和货物。

（二）查阅、复制权

查阅、复制进出境人员的证件，查阅、复制与进出境运输工具；货物、物品有关的合同、发票、账册、单据、记录、文件、业务函电、录音录像制品和其他的有关资料。

（三）查问权

查问违反《海关法》或相关法律法规的嫌疑人。

（四）查验权

查验进出境货物、个人携带进出境的行李物品、邮寄进出境的物品。

（五）查询权

查询被稽查人在商业银行或者其他金融机构的存款账户。

（六）稽查权

稽查企业进出境活动及进出口货物有关的账务、记账凭证、单证资料等。

（七）扣留权

扣留违反《海关法》的进出境运输工具、货物和物品及与之有关的合同、发票、账册、单据、记录、文件、业务函电、录音录像制品和其他资料。扣留走私犯罪嫌疑人，时间一般不超过 24 小时，特殊情况可延长至 48 小时。

（八）连续追缉权

对违抗海关监管逃逸的进出境运输工具或个人连续追至海关监管区和海关附近沿海沿边规定地区以外，将其带回处理。

（九）行政处罚权

对尚未构成走私罪的违法当事人进行行政处罚，包括对走私货物、物品及违法所得处以没收，对有走私行为和违反海关监管规定行为的当事人处以罚款，暂停或取消违法的报关企业和报关员的报关资格。

（十）佩带和使用武器权

海关为履行职责，可以依法佩带武器，海关工作人员在履行职责时可使用武器。根据海关总署、公安部联合发布的《海关工作人员使用武器和警械的规定》，海关使用的武器包括轻型枪支、电警棍、手铐以及其他经批准可使用的武器和警械。使用范围为执行缉私任务时，使用对象为走私分子和走私嫌疑人。使用条件必须是在不能制服被追缉逃跑的走私团体或遭遇武装掩护走私，不能制止以暴力掠夺查扣的走私货物、物品和其他物品，以及以暴力抗拒检查、抢夺武器和警械、威胁海关工作人员生命安全非开枪不能自卫时。

（十一）强制执行权

在有关当事人不依法履行义务的前提下，为实现海关的有效行政管理，海关执法人员可按照法定程序，采取法定的强制手段，迫使当事人履行法定义务。海关的强制执行权包括强制扣税、强制履行海关处罚决定等。

三、海关的职能

（一）海关职能的内涵

海关职能属于政府职能，是指海关依法对涉外经济活动进行监督管理所具有的职责和作用。不同类型国家的海关职能各有不同，同一国家不同历史时期的海关职能也会有所不同。监管、征税缉私、统计是中国海关的传统职能。随着社会发展和国家形势的变化，海关职能逐步发生着变革，尤其是中国加入世界贸易组织以后，海关履行传统职能的任务更加艰巨，维护贸易安全与便利、保护知识产权、履行原产地管理职责，协助解决国际贸易争端、实施贸易救济和贸易保障、参与反恐和防止核扩散、进行口岸规划管理等非传统职能任务不断加重。

（二）海关职能的特性

海关职能的基本特点主要包括执行性、多样性和动态性。

1. 执行性

海关职能相对于国家权力机关的立法职能而言，具有明显的执行性质。其对内职能的性质被定为贯彻执行国家对外开放和经济体制改革国策及国家有关外贸、关税、外交等进出口政策、法律、法令的重要工具。作为依照特定法规行政的国家机关，海关依照特定的法律法规来调整特定社会关系，保证国家政策、法规的统一与有效实施。

2. 多样性

海关职能的多样性主要体现在以下方面：实施国际贸易管理、监督执行口岸管理体制和知识产权边境保护制度、维护国际贸易秩序；征收关税，执

行反倾销和反补贴税制度、关税配额制度，保证国家财政收入；制止国际贸易中的不正当竞争，惩罚违法犯罪活动，促进国民经济健康发展，保障国家的政治、经济和公共安全；向进出口贸易及其他国际交往提供优质服务，提高国际贸易效率。海关监督管理的运行又有监管、征税、保障、稽查、查私、统计、加工贸易监管、通关管理、海关估价与归类、特定减免税、海关事务担保、结关放行、电子数据交换、电子商务等各种不同内容与层次的具体职能。

3. 动态性

海关职能具有动态性。海关职能是发展变化的，这是由社会经济、政治和文化的不断发展，国家形势和任务的不断变化所决定的。海关监督管理是一个管理过程，是由各种主客观要素构成的动态系统，有些要素及其相互关系的变化是无法事先全部掌握的，因而出现实际与计划不符情况的可能性是存在的。因此，海关职能不是静止不变的，行政环境的变化，国家政治、经济、科学技术的发展，将推动海关职能的范围、内容、主次关系等发生必然变化。

（三）海关职能的自身特点

1. "把关"

海关是国家进出境监督管理机关，顾名思义，海关就是一道"关"。从传统意义上说，海关以守住关口、征收税款和实施贸易管制为基本职能。因此，海关首先要把好国门。

2. "服务"

海关管理既要执法把关，还必须为贸易提供便利，通过规范进出口经济秩序，提高通关效率和贸易效率，为提升本国的产业竞争力和企业竞争力服务。

3. "把关"与"服务"的平衡

海关关徽由金钥匙和商神杖组成，意味着海关既要坚守国家经济大门，又要促进国际贸易的繁荣和发展。因此"把关"与"服务"的平衡，是提高企业竞争力和国家经济竞争力对海关管理的必然要求。这就是海关职能的自身特性。

第二节　跨境电商 BC 模式清关

所谓 BC 模式，即商品从厂商直接到消费者手中的过程，通过跨境快递的形式，实现商品的流通。

一、BC 出口清关流程和相关规定

BC 出口模式，是指出口厂商大多在类似速卖通等平台网售零单商品，然后以邮政小包等形式物流出境。因商品量小且杂，阳光清关、出口退税很难实现。监管部门相继推出了 9610（跨境电商）模式和 1210（保税电商）模式，解决了 BC 出货口的相关痛点。

（一）9610（跨境电商）模式

商家将在网上销售的商品指定到电子商务园区，申报个人物品清单，以国际快递邮件、邮包等形式，通过快递海关控制带扫描出境。次月 9610（跨境电子商务）监管出口货物申报简报，避免以不退税的方式代替出口退税，避免营业税损失。

（二）1210（保税电商）模式

1210（保税电商）模式出口，又称特殊区域出口，是依托于出口加工区、综合保税区等特殊区域的跨境电商出口保税备货模式。

商家将拟网售的商品送进海关特殊监管区域，理货、报关（0110 出口报关单）、退税、上架网售、申报个人物品清单，以国际快递、邮政小包等形式，经过快件海关监管带扫描放行出境。

在海关创新发展一区多能的特殊区域，保税仓经物理分割，被分为保税仓位和非保税仓位，商家可以先将商品以非保税核放单的形式卡口验放贮存在特殊区域非保税仓位，理货、打包、上架、网售。为了及时退税可以选择在理货之后立即报关（0110 出口报关单）转入保税仓位，也可以选择次月汇总报关、退税。

二、BC 进口清关流程和相关规定

BC 进口模式俗称直邮，外商将已网售的商品通过空运等形式运到境内口岸，保税仓代理人以转关形式提货到指定监管仓库。BC 进口不产生正式的报关单，在境外已生成个人订单，已完成货款及税款支付。

BC 进口模式所需资料有：提单、转关运输申报单、卡口入区核放单。卡口验封核销之后，送到指定仓库理货监盘，再以快递形式出区，送到消费者手中。

海关在监管仓理货监盘及快递出区环节查获部分不规范企业刷单嫌疑，也正因如此，保税区进口直邮基本停滞。

第三节　跨境电商 BBC 模式清关

跨境电商 BBC 模式，是境内现行跨境电商最为普遍的模式，因其契合了商品流通从集约化生产到零单消费的根本需求。

BBC 的通关模式也便利了国家对跨境货物模式的监管，因此无论是进口还是出口，通关手续与传统贸易没有很大区别，随着跨境电子商务的发展和国家的大力支持，试点城市和综合试验区的海关当局主动进行了试点测试，监管创新，并采取了提前实施高效通关和加强中后期核查等措施。有鉴于此，通关环节的重要性，看似降低，实则增加。如果在进出口清关过程中出现任何后遗症，将直接影响到最终商品的流通和企业的信用评级，甚至关系到企业的生存。

一、BBC 出口清关流程和相关规定

所谓 BBC 出口清关，即为境内发货商（卖方）将商品卖给境外采购商（买方），在境外以网购零售的形式卖给境外个人（消费者），从而完成商品从发货商（工厂）到最终消费者手中的全过程。随着跨境电商的发展，以及中国海关通关的快捷化与便利化，这种 BBC 模式，在实际供应链中，也越来越多地趋向于以保税仓来代替境外采购商的功能，保税仓的这一功能即跨境电商的特殊区域出口。

跨境电商的特殊区域出口具有入区退税灵活便捷、高效控制海外库存、

退货周转方便等优势。跨境电商的特殊区域出口清关流程如下。

（一）境内货物入区

境内商家将生产（采购）的商品按需分批送入保税区，区内跨境电商仓库以非保税货物入区核放单形式，将货物报关过卡，储存于保税仓非保税区域，进行理货。

（二）非保税货物转保税货物

根据商家的出口需求，电子商务仓库以报关方式将符合条件的货物从非保税区转移到保税区，货物由非保税区转移到保税区。报关所需的信息也是常用的合同、发票、装箱单。向国内商户主管申报出口报关单，向国内商户主管申报出口退税，向电子商务仓库主管申报入境记录单（或进口验证单），向电子商务仓库主管申报账户核销。

（三）保税货物出口

电商仓库根据商家需求，将已转保税货物装箱，申报出口核注清单和出区核放单，在海关验放后带车出卡。

货运代理包机预订舱位/航班，出境货物进港/空运，出口报关单。如果海关申报单是自动放行的，它可以放在船上或空运出去。如需检验报关单，港口将配合海关检验放行，然后装船或空运出境。报关所需资料为一般发票、装箱单和仓单。

（四）出口货物结关

出口货物一般上船出海或空运出境后报关单自动结关，如未自动结关，需找现场海关导入出口报关单转核销表，货代再次发送仓单信息即完成结关。申报了先出后报核注清单的，待货物上船出海或空运出境后，通过申报清单结关来完成报关单的结关。

（五）境外销售及退运调拨

跨境电商的特殊区域出口，在境外仓正常上架销售即完成了出口BBC的

整个流程，如需退运、调拨、理货等，通过区内物流货物的形式，仍可以进口至保税区电商仓库，进行保税理货维修等操作。

二、BBC 进口清关流程和相关规定

（一）知识准备

下面分别从货物转移（物流）、货权转移（所有权）和货款转移（支付）三个方面来阐述 BBC 模式的全过程。

1. 货物转移

货物转移即国际物流，境外采购商（买方）作为跨境电商的主体，在国际物流和贸易中起着关键性的桥梁作用，而其采购商品并非必须实际从境外发货商（卖方）收到商品再发往境内，只要指定境内有资质的跨境电商保税仓库作为收货人代为收货，再代发货给境内个人（消费者）即完成了货物转移。BBC 模式的物流形式如图 7-1 所示。

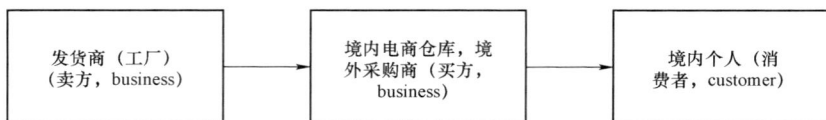

图 7-1 BBC 模式的物流形式

2. 货权转移

物流过程中，商品的实际货权发生了两次转移。

第一次货权转移地点在境外，即通过 B2B 的形式在境外已经将货权通过国际贸易的形式转移给了第 2 个 B（也即是作为买方的境外采购商）。

第二次货权转移地点在境内，消费者通过网购下单后，保税仓库代电商（境外采购商，有时也称外商，以下简称"电商"）发货给个人即完成了 B2C 网购形式的货权转移。

需特别注意的是，商品在整个保税仓库的贮存期间，实际货权属于作为电商的境外采购商（买方）。

3. 货款转移

货款转移即支付货款，正所谓一手交钱一手交货，资金流往往是物流的

逆方向。当然在国际贸易中并不都是一手交钱一手交货，因此，货款转移可简单理解为：个人（消费者）通过支付软件将货款支付给境外采购商（买方），境外采购商（买方）再以国际贸易 T/T 等付款方式支付给发货商（卖方）。

（二）相关单证

只有完全清楚了 BBC 模式中的各个角色和流程，才能更好地理解 BBC 模式清关中的各种单证单据、环节流程和相关规定。

BBC 进口清关常用的单证包括但不限于：发票、装箱单、合同、提运单。通常为了清关操作方便，还需要制作一个进口商品清单明细表。

1. 发票

发票，有时被称为商业发票或者形式发票，是国际贸易中最常见的一种单证，通常是由发货商（卖方）出具给收货人（买方）的，主要体现货物的成交数量和金额币值等信息。

2. 装箱单

装箱单，有时简称箱单，通常也是由发货商（卖方）出具给收货人（买方）的，主要体现货物的包装件数、毛重、净重等信息。

3. 合同

合同，是买卖双方关于本次交易达成的基本协议，体现双方的权利义务和责任划分，在正常的国际贸易中是相当重要的文件，但在跨境保税电商的正常进口过程中，要求并不是很严格，主要原因在于实际发生交易的 B2B 环节在境外，对 BBC 进口清关没有太大影响。

4. 提运单

提运单，简称为提单。海运提单英文表述为 bill of lading；空运单分为主运单（MAWB，main air way bill）和分运单（HAWB，house air way bill）。

提运单是由承运人（船公司/航空公司）出具给委托人（发货人）的承运凭证，同时也是收货人向承运人提货的一种凭证。提运单既有委托运输协议的意义，同时又有货权凭证的意义，在国际贸易中是一种极为重要的单证。因此，提单中的信息就相当重要了。在跨境电商这一特殊的国际贸易及其物流中，提单信息注意点如下。

第一，海运提单收货人一定是境内电商仓库，通知人可以是电商公司或

者货代清关公司。

第二，航空主运单上必须显示机场指定仓库抬头（否则下飞机后不知如何分拨），分单可只显示境内电商仓库和通知人。

第三，空运如果只有主运单，没有分运单，务必主运单同时显示机场仓库和电商仓库。

海运提单、航空主运单和航空分运单参考样式可扫描二维码了解。

5. 进口商品清单明细表

进口商品清单明细表，俗称报关清单，顾名思义，是为了报关方便而制作的一个归纳性文件，通常包括报关中常用的 HS 编码、商品名称、数量单位、金额币制、重量信息、原产地和申报要素等信息。

BBC 进口清关实际操作中所需的单据文件，也会根据实际商品的不同而有新的需求与变化，例如，日本食品输华必须提供原产地证，新西兰蜂蜜输华必须提供证明，任何危险品报关都必须有危险品申报单。

（三）仓单信息查询

申报资料齐全后，先在海关总署新仓单查询系统上查询仓单信息，查询不到仓单信息是不能申报的。

（四）录入申报系统

（1）在中国国际贸易单一窗口（以下简称单一窗口）特殊监管区域系统录入申报进口核注清单，生成 QD 开头的 18 位核注清单号，同时在中国国际贸易单一窗口货物申报系统里生成报关单草稿。

（2）在中国国际贸易单一窗口货物申报系统里补充完整报关和报检信息，核对无误后申报，生成报关单及报检号。如果报关单未自动放行，需找现场海关做手工放行。

（3）到货前在中国国际贸易单一窗口特殊监管区域系统录入申报重车入区核放单及空车出区核放单。相关单证参考样式可扫描二维码了解。

（五）现场操作

如有报关单不自动放行，需找现场海关做手工放行；如此时发现报关单

被布控，打印查验通知并提供一整套报关资料给口岸货代/报关行，配合口岸海关处理查验事宜。报关单放行/结关、报检号归档之后，查询到口岸放行信息（整箱货通过理货网站查询，海运拼箱货或者空运货物可以致电分拨仓库/监管仓库查询）之后，安排车辆运输（普货可以是任何车辆，危险品、冷藏/冷冻品需相应的运输车辆）。

货到保税区卡口，运输车辆凭重车入区核放单验卡过关，再根据卡口相应提示进入指定地点验放或者到指定仓库卸货。

卸货完毕后运输车辆凭空车出区核放单出卡。

（六）理货上架

根据货物性质及监管状态，在指定仓库或者自营仓库理货，出具理货报告，根据实际理货数据上架销售。

普通已放行货物可在自营仓库理货，特殊商品及卡口布控货物或者检验检疫抽中货物，需在指定仓库理货。理货结果中的正常商品可上架销售，残次品需做销毁或退运处理，少到货商品需做补税处理，多到货商品原则上做退运处理。

（七）网售出区

电商平台根据消费者三单信息（订单、支付单、物流单）向海关申报个人物品申报单，网售商品装车后电商仓库将整车商品对应的所有个人物品申报单汇总申报一个或多个出区核放单，并提供个人物品申报清单，经海关验放后出区，由承运快递公司送货至消费者。

电商平台次月汇总缴纳个人物品网购零售综合税款。应纳税款不得超过电商平台保证金账户余额，所以一定要随时掌控保证金账户余额情况和期限，余额不足或临期需提前向海关申请续交及续期。

（八）相关规定

报关单填制规范等相关规定很多，单单一致、单货一致、如实申报是所有清关的基本原则。以下根据最新具体操作要求简要列举几条。

第一，为提升服务，提高效率，海关通关时效要求愈来愈高，货到进口

口岸后，空运 48 小时内结关，海运 72 小时内结关。

第二，目前删改单货物价值超过 50 万元，或者查验改单三次以上，报关单自动进入移交案件处理，根据案件事实（影响海关统计/影响海关监管等）做出相应处罚。

第三，从 2016 年 4 月 8 日（四八新政）起，海关总署等多部委联合出具一个商品清单（俗称正面清单），只有 HS 编码在清单范围内的，才可以在综试区做跨境电商网购零售。正面清单每年都会根据海关编码的变化而更新，需随时关注。

第四，国家及地方市场监督管理部门也有相关规定，需了解遵守，如商品胎盘、吗啡、濒危物种等违禁品，是不可以进口的。

第五，个人单笔订单总货值不得超过 5 000 元（所以单品货物售价超过 5 000 元的商品无法在保税区做跨境电商网购零售）。

第六，个人年网购限额 26 000 元。

第八章　跨境电商物流信息管理

第一节　跨境电商物流信息技术

物流信息技术是指物流各环节中应用的信息技术，包括计算机、网络、信息分类编码、自动识别、电子数据交换、全球定位系统、地理信息系统等技术。

跨境电子商务物流技术大体包括跨境电子商务物流数据库技术，跨境电子商务物流网络技术，跨境电子商务条码技术，跨境电子商务 RFID 技术，跨境电子商务物流 EDI、GPS 和 GIS 技术，物联网、大数据和云计算技术等，下面对其简要阐述一下。

一、跨境电子商务条码技术

（一）条形码的定义

条形码是由一组粗细不同的黑白相间的条与空，按一定编码规则排列的符号，用以表示一定的字符、数字及符号组成的信息，并能够利用光电扫描阅读设备识读和实现数据输入计算机的特殊代码。

（二）条形码在跨境电商物流中的应用

1. 挂号条形码

挂号条形码是指邮政小包所使用的跟踪号，分为粘贴和打印两种情况。一般个人去邮局寄国际挂号小包就会用到粘贴的挂号条码，而我们通过部分后台系统与邮局直接对接的货代公司发货时则可以生成打印的挂号条形码。

挂号条形码通常是 13 位的，第一、第二位是字母，其中第一位往往是 R，第二位则不固定；第三位到第十一位是数字；最后两位是发件邮局所在国家或地区的缩写。

2. 面单原单号

快递面单上的条形码不叫跟踪号，叫参考单号，又叫原单号。快递面单上的参考单号不能直接用来查询跟踪信息，所以在填写发运单号的时候不要填这个参考单号，而要填货代公司或者物流公司所提供的转单号。

货代公司从快递公司拿到最终跟踪号之后，再把跟踪号和客户填写的快递面单对应起来，再告诉客户最终的跟踪号，这个转换的过程就叫"转单号"。转单号并不是一个特定意义的单号，而是一个辗转生成跟踪号的行为，与转单号对应的是直接生成跟踪号。快递面单上的条形码可以作为参考单号在快递公司网站上进行跟踪查询，同时快递面单作为发货底单，是一种发货证明，可以在必要时提供给平台作为证据。

二、跨境电子商务物流数据库技术

（一）数据库

数据库是关于某个特定主题的数据的集合，或者理解为用来存储和管理所需各种信息的通用"仓库"。在日常生活和工作中经常会接触到各种数据库，例如课程表和客户通讯录等都可以看作简单的"数据库"。

（二）数据库系统

简单来说，数据库系统就是基于数据库的计算机应用系统。它包括：以数据为主体的数据库；管理数据库的系统软件（DBMS）；支持数据库系统的计算机硬件环境和操作系统环境；管理和使用数据库系统的人，特别是数据库管理员；方便使用和管理系统的各种技术说明书和使用说明书。

由此可以看出，数据库、数据库管理系统和数据库系统是三个不同的概念，数据库强调的是相互关联的数据，数据库管理系统是管理数据库的系统软件，而数据库系统强调的是基于数据库的计算机应用系统。

（三）数据挖掘在跨境电子商务物流中的作用

基于数据仓库与数据挖掘技术的现代物流体系可由采购进货管理系统、销货出货管理系统、库存仓储管理系统、财务管理和结算系统、物流客户管理系统、联机分析处理（OLAP）、数据仓库、数据挖掘处理的物流分析系统、解释评价系统、运输配送管理系统、物流决策支持系统等组成。

在采购进货、销售出货、财务管理和结算系统中，利用数据仓库和数据挖掘技术可以改善物流业务与资金的平衡，提高资金的周转，结合物流客户管理系统，以确保把握住利润最高的商品品种、数量和可靠的物流客户，发展良好的客户关系。库存仓储管理中利用数据仓库和数据挖掘技术，可以合理安排货品的存储，有效地提高拣货效率，动态把握货品流通，最大限度实现"零库存"，降低企业成本，提高企业效益。

三、跨境电子商务 RFID 技术

（一）RFID 概念及构成

射频识别技术（RFID）是一种无线通信技术，它可以利用无线电信号识别特定的物体并读取有关数据，而不需要识别的工具和特定对象之间建立机械的或者光学的接触。RFID 基本原理是利用射频信号或空间耦合（电感或电磁耦合）的传输特性，实现对物体或商品的自动识别。

RFID 技术是对雷达技术的一种继承和扩展，从结构来看 RFID 是一种简单的无线识别系统，分别由两个基本器件、一个询问器和很多的应答器构成。该系统一般用于检测、控制、跟踪物体。其中应答器由天线、耦合元件及芯片组成，一般来说都是用标签作为应答器，每个标签具有唯一的电子编码，附着在物体上标志目标对象；阅读器（又叫读写器）由天线、耦合元件、芯片组成，用于读取（有时还可以写入）标签信息的设备，可设计为手持式 RFID 读写器（如 C5000W 等）或固定式读写器。除了以上两个部分之外，还需要应用软件系统作支撑，所谓的软件应用系统的功能主要是负责把收集到的数据进一步加工和处理，以便被人们使用。

（二）RFID 技术在跨境电商物流中的应用

1．RFID 技术在海外仓储和配送中的应用

海外仓储主要是指跨境电商物流中海外消费者或者零售商下订单之前已经把货物储存在海外的仓储或者配送中心（该仓库有可能是自建的，也有可能是租赁的）。当从海外市场当地发货时，发货速度会大大提高，物流运输成本也会降低，从而使企业更容易获得买家的信任感，增加客户满意度，提高成交量。

海外仓储作业和国内的操作流程基本相同，主要包括入库、存储、出库三个基本环节。RFID 技术可以应用到 WMS 中，从而可以提高企业的反应速度，做到及时补货，及时更新库存信息。

RFID 技术在仓储管理中的入库流程大致与此相反，总之 RHD 技术的应用大大地提高了入库和出库操作的效率，使仓储的信息化程度进一步提高。

对于配送，RHD 技术可以降低货物的出错率，使配送和库存衔接得更加紧密，从而可以使海外仓储实现一体化操作。

2．RFID 技术在通关中的应用

通关看作是物流的一部分，对于小批量、多批次而且金额较少的跨境电商的交易，海关的报关通关比较麻烦。现在的跨境电商报关基本是以个人使用为目的的报关，报关手续比较烦琐，一件物品和一批物品需要的报关手续是一样的，所以物流企业需要不停地报关。

RFID 技术在海关申报系统中的应用，可以减轻海关和物流企业的负担。具体来说，将货物信息与报关系统联系起来。如果货物只是一件一件的，那么可以提前把货物信息向海关共享，然后在货物上贴上 RFID 标签。由于 RFID 技术可以实现非接触式扫描，从而提高报关效率。

3．RFID 技术在物流服务整合中的应用

RFID 技术在物流的各个环节的应用，可以增加供应链的可视化。产品从出厂、运输、储存、销售运输、配送到消费者手中，可以使用 RFID 技术做到对货物及时的跟踪，也可以提供对货物溯源查询真伪等服务。这无疑可以使跨国消费者增加对产品的信任，满足消费者或者零售商对货物运输和配送的速度的要求。

四、跨境电子商务物流 EDI、GPS 和 GIS 技术

（一）EDI 技术

1. EDI 的定义

联合国欧洲经济委员会贸易程序简化工作组（UN/ECE/WP.4）从技术上将 EDI 定义为：采用一种使信息结构化的商定标准，将商务或行政交易事务的信息交流，通过计算机联网进行电子方式的传递。

联合国国际贸易法委员会 EDI 工作组（UNCITRAL/WP.4）从法律上将 EDI 定义为：EDI 是用户的计算机系统之间对结构化、标准化的信息进行的电子传输，而且使用某种商定的标准来处理信息结构。

联合国标准化组织将 EDI 描述成：将商业或行政事务处理按照一个公认的标准，形成结构化的事务处理或报文数据格式，从计算机到计算机的电子传输方法。

2. EDI 在跨境电商物流中的应用

利用 EDI 技术搭建信息平台，将运输企业（铁路、水运、航空、公路运输企业等）、货主（生产者、贸易商、批发商、销售商等）、海关、商检、金融企业、仓储企业、报关企业以及承运业主有机地联系在一起。支持与电商平台的订单信息交互，支持与企业第三方系统数据的对接，支持与海关、商检系统数据的对接，支持与企业财务管理及 OA 系统数据的对接。

（二）GPS 技术

1. GPS 的概念

全球卫星定位系统（GPS）在中华人民共和国国家标准《物流术语》（GB/T 18354—2006）中定义为：由美国建设和控制的一组卫星所组成的 24 小时提供高精度的全球范围的定位和导航信息的系统。

GPS 能对静态、动态对象进行动态空间信息的获取，快速，精度均匀，不受天气和时间的限制。

全球卫星定位系统主要用于船舶和飞机导航、对地面目标的精确定时和精密定位、地面及空中交通管制、空间与地面灾害监测等。进入 20 世纪 90

年代，全球卫星定位系统在物流领域得到了越来越广泛的应用。

2. GPS 在物流中的应用

全球卫星定位系统主要用于定位导航授时校频以及高精度测量等，特别是在物流领域，可以广泛用于导航、实时监控、动态调度、运输线路的规划与优化分析等。

（1）海空导航

GPS 系统的出现克服 TRANSIT 和路基无线电航海导航系统的局限性，用户利用其精度高、可连续导航、有很强的抗干扰能力的特点，可有效地开展海洋、内河，以及湖泊的自主导航、港口管理、进港引导、航路交通管理等。而在航空导航方面，GPS 的精度远优于现有任何航空航路用导航系统，可实现最佳的空域划分和管理、空中交通流量管理以及飞行路径管理，为空中运输服务开辟了广阔的应用前景，同时也降低了营运成本，保证了空中交通管制的灵活性。可以说从航空进场或着陆、场面监视和管理、航路监视、飞行试验与测试到航测等各个领域，GPS 发挥着巨大的作用。

（2）实时监控

应用 GPS 技术，可以建立起运输监控系统，在任何时刻都能查询运输工具所在地理位置和运行状况（经度、纬度、速度等）信息，并将其在电子地图上显示出来，同时系统还可自动将信息传到运输作业的相关单位，如中转站、接车单位、物流中心、加油站等，以便工作人员做好相关工作准备，提高运输效率。应用它还可监控运输工具的运行状态，了解运输工具是否有故障先兆并及时发出警告，是否需要较大的修理并安排修理计划，等等。

（3）动态调度

利用 GPS 技术，调度员能在任意时刻发出调度指令，还可以收集运输能力信息、维修记录信息、车辆运行状态登记信息、司机人员信息、运输车辆中转信息等各种信息，并进行分析、辅助调度决策，尽量减少空车时间和空车距离，充分利用运输能力。

（4）路线优化

根据 GPS 数据获取路网状况，如通畅情况、是否有交通事故等，应用运输数学模型和计算机技术，进行路线规划及优化，设计出车辆的优化运行路线、运行区域和运行时段，合理安排车辆运行通路。

（5）智能运输

智能交通（ITS）是利用先进的电子技术、信息技术、通信技术等高新技术对传统的交通系统和管理体系进行改造，形成一种信息化、智能化、社会化的新型现代交通系统。在智能交通系统中，GPS 技术的应用可以构建视觉增强系统、汽车电子系统、车道跟踪/变更/交叉口系统、精确停车系统、车牌自动识别系统、实时交通/天气信息服务系统、碰撞预警系统等。

（三）GIS 技术

1. 地理信息

地理信息是指与研究对象的空间地理分布有关的信息。它以地理空间为基础，利用地理模型分析方法，实时提供多种空间和动态的地理信息，是一种为地理研究和决策服务的计算机技术系统。从地理实体到地理数据，再到地理信息的发展，反映了人类认识的巨大飞跃。

2. GIS 在跨境物流中的应用

GIS 应用于物流分析，反映了物流发展的新动向和新趋势。主要是指利用 GIS 强大的地理数据功能来完善物流分析技术。

完整的 GIS 物流分析软件集成了车辆路线模型、网络物流模型、分配集合物流模型和设施定位模型。

（1）车辆路线模型。用于解决一个起始点、多个终点的货物运输中，如何降低物流作业费用，并保证服务质量的问题，包括决定使用多少车辆，每辆车的行驶路线，等等。

（2）网络物流模型。用于解决寻求最有效的分配货物路径问题，也就是物流网点布局问题。如将若干货物从 N 个仓库运往 M 个商店，每个商店都有固定的需求量，因此需要研究确定由哪个仓库提货送给哪个商店运输代价小。

（3）分配集合模型。可以根据各个要素的相似点把同一层的所有或部分要素分为几个组，用以解决服务范围和销售市场范围等问题。如某一公司要设立 X 个分销点，要求这些分销点要覆盖某一个地区，而且要使每个分销点的顾客数目大致相同。

（4）设施定位模型。用于研究一个或多个设施的位置。在物流系统中，仓库和运输线共同构成物流网络，仓库位于网络的节点上，节点决定路线。根据供需的实际情况，结合经济效益原理、各仓库的位置和规模，以及仓库之间的物流关系，在给定的区域内建立多少个仓库，可以很容易地求解该模型。目前，GIS 在我国物流分析和物流研究中的应用还处于起步阶段。

五、大数据、物联网和云计算技术

（一）大数据技术

1. 大数据技术的概念

大数据技术是指从各种类型的数据中快速获得有价值信息的技术。大数据领域已经涌现出了大量新的技术，它们已成为对大数据采集、存储、处理和呈现的有力武器。

大数据处理关键技术一般包括：大数据采集、大数据预处理、大数据存储及管理、大数据分析及挖掘、大数据展现和应用（大数据检索、大数据可视化、大数据应用、大数据安全等）。

2. 大数据对跨境电商物流的作用

跨境电子商务包含大量的数据信息，如消费者信息、经营数据、商品数据等，跨境电子商务企业应合理利用数据分析技术对这些信息进行分类、分析和应用。根据这些数据的特点，企业可以增加热销商品的库存，调整商品存储比例，加快物流配送，进而建立数字化的跨境电子商务物流。跨境电子商务可以记录消费者浏览产品时的足迹，收集所有消费行为的统计数据，从而获取消费者的偏好，推广个性化产品，跨境电子商务企业获得更多的宣传和展示机会。同时，根据客户的地址，通过数据分析推荐最佳的货运组合，为客户提供优质的物流服务。

通过将大数据技术和跨境电商海外仓相结合，构建一套属于跨境电商的信息管理运营系统，不仅减少了海外仓模式的管理成本，还提高了跨境电商的效率。其中最重要的是，通过采用大数据分析技术，缩短了货物的物流时间，提高了消费者的购物体验，加大了消费者对跨境电商企业的信任，这对企业以后的经营发展有着很大的帮助。

（二）物联网技术

物联网是新一代信息技术的重要组成部分，也是"信息化时代的重要发展阶段"。顾名思义，物联网就是物物相连的互联网。物联网通过智能感知、识别技术与普适计算等通信感知技术，广泛应用于网络的融合中。

1. 物联网关键技术

物联网在应用中有 3 项关键技术。

（1）传感器技术。目前为止绝大部分计算机处理的都是数字信号，这要求传感器把模拟信号转换成数字信号。

（2）RFID 标签。RFID 技术是把无线射频技术和嵌入式技术融为一体的综合技术，RFID 在自动识别、物品物流管理领域有着广阔的应用前景。

（3）嵌入式系统技术。嵌入式系统技术是把计算机软硬件、传感器技术、集成电路技术、电子应用技术融为一体的复杂技术。

2. 物联网技术在物流中的应用

物流是物联网较早落地的行业之一，物联网技术在物流产业的应用对物流产业的发展有着极大的促进作用。物联网的应用从根本上提高了物流企业对物品生产、配送、仓储、销售等环节的监控水平，改变了供应链流程和管理手段，对降低物流成本和提高物流效率具有重要意义。物联网在物流业中主要应用于以下几方面。

（1）物流过程的可视化智能管理。运用基于 GPS 卫星导航定位、RFID、传感等多种技术，在物流活动过程中实时实现对车辆定位、运输物品监控、在线调度与配送的可视化管理。

（2）产品的智能可追溯网络系统。目前，基于 RFID 技术的智能产品已成功应用于医药、农产品、食品、烟草等行业和领域，在货物追踪、识别、查询、信息收集和管理等方面发挥着重要作用，为食品药品安全提供了坚实的物流保障。

（3）全自动化的物流配送管理。基于先进的传感器、RFID、声、光、电、机、移动计算技术，物流配送中心实现了自动化管理，建立了配送中心的智能控制和自动化操作网络，实现了物流、商务流、信息流、资金流的全面管理。

（4）企业的智慧供应链。面对大量的个性化需求和订单，准确预测客户

需求是企业普遍存在的问题，需要智能物流和智能供应链物流支持网络系统的支持。物联网在物流行业的应用将使智能化生产与智能化供应链一体化，各物流供应链的参与者可以按照预定的权限和流程进行自己的工作，企业物流完全智能化地融入企业管理。信息流是无缝连接的。它可以分工合作，具有相对独立性。

（三）云计算技术

1. 云计算的概念

云计算是分布式计算的一种，指的是通过网络"云"将巨大的数据计算处理程序分解成无数个小程序，然后通过多部服务器组成的系统对这些小程序进行处理和分析，得到结果以后返回给用户。云计算早期，简单地说，就是简单地分布式计算，解决任务分发问题，并进行计算结果的合并。因而，云计算又称为网格计算。这项技术可以在很短的时间内（几秒钟）完成对数以万计的数据的处理，从而达到强大的网络服务。

2. 云计算在跨境物流中的运用

（1）云计算为物流行业有效整合信息资源。云计算对信息资源的统一集成，提高了物流企业对整个系统信息资源的有效管理，也大大提高了业务支持的可用性。云计算的高效资源集成为物流企业带来的成本优势也非常明显。物流企业由于 IT 设备淘汰率高，更新周期缩短，造成后期运营成本较高。通过将资源与云计算的概念结合起来，投资将会减少，建筑资源将不再需要，设备升级将会相对经济，人员将会减少。

（2）云计算为物流行业构建云平台。物流行业具有全球化的特点，其以服务为核心业务的网络遍布全球。由于与国外机构的紧密合作，企业间的信息服务需要通过互联网来实现全程流程化、标准化协同。云计算平台可以帮助解决这样的问题。云计算平台采用云计算核心集成技术"单点登录、统一认证、数据同步、资源集成"和云计算物联网互融技术"端、传、网、计、控五联"，将一切变得简单、便捷、高质、低价、有效、安全；实现物流企业生意全程电子化，实现在线询价、在线委托、在线交易、在线对账和在线支付等服务，让物流生意中的买卖双方尽享电子商务门到门服务的便捷，并可降低成本，提升效率，降低差错率，还可实现国际物流各类服务商和供应商

之间订单的数据交换、物流信息的及时共享，以及交易的支付和信贷融资等完整的一条龙服务。

（3）云计算为物流行业提供云存储。

① 云存储为物流企业提供空间租赁服务。随着物流企业的不断发展，数据量将不断增长，这对硬件设备、室内环境设备、操作和维护提出了更高的要求，成本大大增加。通过使用高性能、大容量的云存储系统，可以满足物流企业日益增长的业务数据存储和管理服务，对大量专业技术人员的日常管理和维护，可以有效地保证云存储系统的安全性，确保数据不会丢失。

② 云存储为物流企业提供远程数据备份和容灾。当本地发生重大的灾难时，可通过远程备份或远程容灾系统进行快速恢复。高性能、大容量的云存储系统和远程数据备份软件可以为物流企业提供空间租赁和备份业务租赁服务，物流企业也可租用 IDC 数据中心提供的空间服务和远程数据备份服务功能，建立自己的远程备份和容灾系统。

③ 云存储为物流企业提供视频监控系统。通过云存储、物联网等技术建立一个视频监控平台，所有监控视频集中托管在数据中心，在远程服务器上运行应用程序，应用客户端通过互联网访问它，在服务器级，它可以通过数据处理的计算能力和存储海量数据的承载能力集成到一个单一的监控中心或多个层次的监控中心。通过网络登录管理网页，客户可以及时、全面、准确地掌握视频数据和项目信息，远程、随时观看录制的监控视频。

第二节　跨境电商物流信息系统

一、跨境电商物流信息

（一）跨境电商物流信息的概念

由《物流术语》（GB/T 18354—2021）可知，物流信息是指物流活动中各个环节生成的信息，一般随着从生产到消费的物流活动的产生而产生，与物流过程中的运输、储存、装卸、包装等各种职能有机结合在一起，是整个物流活动顺利进行所不可缺少的。

跨境电商物流信息是指与跨境物流活动有关的信息，反映跨境电商物流活动实际状况特征及发展变化，并能被人们处理，是对跨境电商物流有用的数据、情报、消息等的统称。跨境电商物流信息对运输管理、库存管理、订单管理、仓库作业管理等活动具有支持保障的功能。

跨境电商物流数据是记录下来的可以鉴别的符号，是以数字、符号、图表、文字等对物流活动中的数量关系的客观描述。信息是对数据的解释，数据被处理后仍是信息。物流数据只有经过处理和解释，才能被人们接受和理解，从而成为物流信息。

（二）跨境电商物流信息的特点

跨境电商物流信息包括伴随跨境电商物流活动而发生的信息和在跨境电商物流活动以外发生的，但对跨境电商物流有影响的信息。跨境电商物流信息涉及面十分广泛，其具有以下 3 个特点。

（1）信息源点多、分布广、信息量大。跨境电商物流系统服务的范围越大，信息源点就越多，信息量也就越大。

（2）信息种类多。跨境电商物流系统内部各环节有不同种类的信息，物流系统（如多式联运）之间以及与其他系统，如采购系统、生产系统、销售系统、订单系统等的有关信息都需要分别搜集。

（3）信息动态性强。跨境电商物流信息的动态性越强，其价值衰减速度一般也越快，因此企业对跨境电商物流信息掌握与利用的及时性要求很高，甚至决定了跨境电商物流活动的成败。

（三）跨境电商物流信息的作用

跨境电子商务企业在制订物流规划、进行物流管理、开展物流业务、控制物流成本等活动中都离不开物流信息。因此，跨境电子商务物流信息在物流活动中的中枢神经和支撑作用的保护，具体表现在以下 3 个方面。

（1）沟通作用。跨境电商物流信息使消费者、商家、跨境平台、物流服务提供商等能够沟通并保持联系，能满足各类消费者、商家、中间服务商的需要，满足不同物流环节协调运作的需要。

（2）控制作用。通过移动通信、计算机信息网、EDI、GPS 等技术能够实

现物流信息处理电子化、货物及车辆实时追踪。畅通的信息通道是跨境电商物流运作控制、服务控制、成本控制的前提。

（3）管理作用。跨境电商物流信息可用于物流渠道规划与决策、仓库作业计划、库存管理、发货管理、运行实时监控等方面。

二、跨境电商物流信息系统概念、特点与功能

（一）跨境电商物流信息系统的概念

跨境电商物流信息系统是建立在物流信息基础上的，是在跨境电商环境下对物流信息进行采集、处理、分析、应用、存储和传播的集成。在这个过程中，企业对涉及物流活动的各种信息要素进行管理，如实现对订单包裹的实时跟踪、转运、妥投等一系列物流跟踪数据管理，以及对产品物流成本的财务报表分析等。

跨境电商物流信息系统管理强调运用系统化和集成化观念来处理企业经营活动中的问题，以求得跨境电商物流信息系统整体最优化，它既要求信息处理的及时性、准确性和灵活性，也要求信息处理的安全性和经济性。

（二）跨境电商物流信息系统的特点

随着跨境电商的迅速发展，以及物流信息技术的不断提高，两者的衔接相辅相成。跨境电商利用物流信息系统提高企业管理的高效化、流程化和成本最优化；物流信息技术根据跨境电商不断改变的市场需求调整自己的功能，改善跨境电商企业的物流流程。综合跨境电商物流信息系统的发展趋势，其特点主要体现在以下四个方面。

（1）物流信息综合性更强。

（2）专业性更强，接口趋于透明。

（3）决策支持功能的加强。

（4）自动化程度的不断提高。

（三）跨境电商物流信息系统的功能

跨境电商物流信息系统根据跨境电商物流各个环节的需求可以有不同层

次、不同程度的应用和不同子系统的划分，如有的跨境电商物流企业规模小、业务少，可能提供的仅仅是单机系统或单功能系统，而另一些跨境电商物流企业可能提供的是功能强大的多功能系统。一般来说，一个完整的、典型的跨境电商物流信息系统具有五个基本功能。

（1）物流数据的收集和输入。物流数据的收集首先是将数据通过收集子系统从系统内部或者外部收集到并整理成为系统要求的格式和形式，再通过子系统输入物流信息系统中。在这一过程中应注意收集数据的完善性、准确性，以及校验能力和预防及抵抗破坏能力等。

（2）物流信息的存储。物流信息经过收集和输入后，在其得到处理之前，必须在系统中存储下来。跨境电商物流信息系统的存储功能就是要保证已得到的信息能够不丢失、不走样、不外泄、整理得当、随时可用，同时要考虑存储量、存储方式、安全保密等问题。

（3）物流信息的传输。跨境电子商务物流信息应准确、及时地传递到各个功能环节，否则信息将失去其使用价值。这就要求跨境电子商务物流信息系统克服空间壁垒，即充分考虑信息传输的类型、频率、可靠性要求等因素。

（4）物流信息的处理。跨境电子商务物流信息系统的基本目的是将输入的物流数据处理成系统所需要的物流信息，直接利用这些物流信息，具有实际使用价值。

（5）物流信息的输出。信息输出是跨境电商物流信息系统的最后一项功能，也只有在实现了这项功能后，跨境电商物流信息系统的任务才算完成。信息输出必须采用便于人或计算机理解的形式，力求易读易懂、直观醒目。

第三节　跨境电商物流信息系统应用

一、跨境电商物流信息系统管理

跨境电商物流信息系统是一个多环节的复杂系统，各种物流活动的相互衔接是通过信息予以沟通的，资源的调度也是通过信息共享来实现的。因此，国际物流系统的组成必须以信息和信息技术为基础。

跨境电商物流信息系统管理是对物流信息进行采集、处理、分析、应用、

存储和传播的过程，在这个过程中，通过设计物流信息活动的各种要素（人工、技术、工具等）进行管理。对于跨境电商企业来说，物流信息系统管理实现的是订单包裹的实时跟踪、转运、妥投等一系列物流跟踪数据管理，以及对商品物流成本的财务报表的分析，是实施物流 KPI 考核的重要参考手段。

二、跨境电商 ERP 系统

跨境电商 ERP 系统能提供多渠道电子商务管理解决方案，支持多仓库、多品牌管理，为广大零售商户提供"一站式"信息系统服务。其功能包括采购管理、销售管理、接单管理、物流计划、仓储管理、价格体系管理、结算管理、发票管理、客户关系管理、报表管理。成功的案例目前已经涵盖钟表、3C、鞋服、医疗器械等行业品类。

三、跨境电商物流信息系统管理的作用

跨境电商物流信息系统对跨境电商的发展起着至关重要的作用，从跨境电商物流信息系统对提高企业高效管理的目的来看，主要体现在如下方面。

（1）改善物流企业内部流程和信息沟通方式，满足跨境电商客户，以及业务部门对信息处理和共享的需求。

（2）提高办公自动化水平，提高工作效率，降低管理成本，实现成本优先的竞争优势。

（3）通过跨境电商物流信息系统对货物的跟踪和监控，物流企业的各层管理者可以及时地掌握货物运输的情况，增加对业务的控制，为决策提供数据支持。

（4）为客户提供实时的货物跟踪，提供个性化服务，提高服务水平。

四、跨境电商物流信息系统管理应用与发展

市场是变化的，用户对物流企业的要求，以及企业自身发展需求也在不断地发生变化，同时信息技术本身也在不断地发生变化，因此国际物流信息管理系统会不断地在用户的需求上进行改进，不断地去完善，在完善的基础上再不断地改进，是一个循环完善的过程。

随着跨境电商的飞速发展，以及物流信息技术不断的提高，两者的衔接

相辅相成。跨境电商利用物流信息系统提高企业管理的高效化、流程化和成本最优化；物流信息技术根据跨境电商不断改变的市场需求调整自己的功能，改善跨境电商企业的物流流程。

综合跨境电商物流信息系统发展的趋势，未来物流信息系统的发展和应用体现在以下几个方面。

1. 物流信息综合性更强

随着跨境电商全球化的进程，物流信息系统综合服务的能力更加显著。物流信息系统不仅要满足物流企业内部的作业需求，也要同时满足跨境电商企业对区域性仓库库存管理、订单处理的需求。

2. 专业性更强，接口趋于透明

随着跨境电商国际物流近几年的发展和推进，跨境电商国际物流各种运输方式更加完善和成熟，并且体现在了跨境电商国际物流对跨境电商企业的物流需求定制化上，完善了跨境电商物流碎片化管理的需求。相比传统物流服务商"大而全"的一体化物流解决方案而言，跨境电商物流信息系统更加专业地提供了满足跨境电商企业的 B2B、B2C 的业务需求，并且可对接专业的物流数据跟踪网站。

3. 决策支持功能的加强

跨境电商物流信息系统不仅仅提高了物流企业内部的高效运营，它所体现的库存数据、包裹跟踪数据、物流成本财务数据都在很大程度上为跨境电商企业提供了企业管理的决策依据。

4. 自动化程度不断提高

跨境电商物流信息系统的自动化程度不断提高，体现在仓储设施和配送作业的自动化、智能立库的建设，甚至机器人分拣作业方面。

第四节　"互联网"跨境电商物流平台应用

一、"互联网＋"与互联网云计算

"互联网＋"代表一种新的经济形态，即充分发挥互联网在生产要素配置中的优化和集成作用，将互联网的创新成果深度融合于经济社会各领域之中，

提升实体经济的创新力和生产力，形成更广泛的以互联网为基础设施和实现工具的经济发展新形态。

"互联网＋"就是以云计算、物联网、大数据为代表的新一代信息技术与现代制造业、生产性服务业等的融合创新，发展壮大新兴业态，打造新的产业增长点，为大众创业、万众创新提供环境，为产业智能化提供支撑，增强新的经济发展动力，促进国民经济提质增效升级。

互联网结合云计算即互联网＋计算，是指用互联网提供智能化计算资源的服务模式。这里的云指的是网络；计算资源包括应用程序、计算能力、存储空间、通信服务等；智能化指的是虚拟化和动态管理；服务模式是将软件作为服务、将平台作为服务和将基础设施作为服务等。

云计算通俗地说，云是网络、互联网的一种比喻说法，用户不用再购买服务器，直接去云数据中心购买计算和存储服务；云是一个庞大的资源池，按需购买；云可以像自来水、电、煤气那样计费。

专业地说，云计算是一种基于互联网的、通过虚拟化方式共享资源的计算模式，存储和计算资源可以按需动态部署、动态优化、动态收回。

云计算平台也称为云平台，可以划分为 3 类：以数据存储为主的存储型云平台，以数据处理为主的计算型云平台，以及计算和数据存储处理兼顾的综合云计算平台。

互联网不仅作为技术手段，更作为一种思维方式，深刻影响着物流行业。物流业与互联网的深度融合，"互联网＋物流"开辟了物流产业发展的新路径。

在国际物流中，只有借助"互联网＋"搭建覆盖港口、航空站、航线、供应商等结点的平台，才能够构建一套标准化、规模化的优质物流服务体系，才能够制定出一套标准化的步骤并固化在后台操作系统中。

二、跨境电商物流平台的构建

（一）跨境电商物流平台构建思路

跨境电商物流平台以信息系统为载体，连接跨境贸易电商企业和通关监管各相关监管机构和物流企业，实现跨境物流的全程监管，并通过物流服务全流程无缝衔接"客户到用户"的交付。平台需集成多方数据交换，为客户

和物流作业提供进口、出口业务管理功能，为海关商检提供直接的审批、间接的系统集成监管等功能，并对外提供多方面的标准接口，允许接入订单、物流状态、支付信息、国检、外汇和国税等跨境电商相关数据信息，为客户提供海外仓、运输及配送等国际物流服务。

（二）跨境电商物流平台构建要素关系

跨境电商物流平台需要与各地海关系统及检验检疫系统进行接口数据互换，主要接口有备案接口、清单接口、报关接口、放行接口、进仓接口、进境接口、装载接口、账册接口，与税务、外汇管理局等进行完税信息的接口数据互换。按海关属地建设的部分报关辅助系统，如出口邮件查验辅助系统、进口快件查验辅助系统、进口邮件征税系统等，需要与各系统进行接口，取得报关辅助信息。

跨境电商物流平台通过接口可以取得境内电商、境外电商的订单信息、物流信息以及支付信息；直接与电商订单数据接口平台进行数据交换，取得订单信息、物流信息以及支付信息；或者，如果是通过代理货运公司转入业务的话，也可以与代理货运公司进行接口数据交换，以取得订单信息、物流信息以及支付信息。

从内部系统的角度，跨境电商物流平台需要从速递系统取得邮件收寄信息，从 Shipping 发运系统取得运单信息及报关信息；对接仓储系统等监管仓库内部，使用仓储系统的实时仓储数据，用于进行报表及相关申报。实现进出口邮件的全程查询，因此，需要与境内外合作企业的邮件投递处理系统进行对接，取得境外邮件的投递信息及境内非邮的投递信息。

（三）跨境电商物流平台功能架构

跨境电商平台系统主要用于支持跨境电商业务，涵盖跨境电商出口业务 B2C、进口业务 B2C、保税 B2B2C 进出口以及仓储和发运等服务。平台使用范围包括：物流公司相关工作人员、海关商检、进出口业务的电商企业、电商消费者及第三方物流和服务机构，实现企业内外部作业环节高度协同的供应链物流服务体系，为客户提供全面的、可定制的物流、关务和信息服务。

三、跨境电商物流平台的作用

跨境电子物流平台将在技术支撑和引领业务发展上进一步地促进国际快递、贸易及物流信息化水平的发展，为共同降低社会物流总成本、促进外贸发展做出贡献，具体作用表现在以下几个方面。

（1）源头可溯、风险可控、质量可靠、责任可究，通过开展清单（详情单）放行和集中报关（纳税）、市场采购等试点业务，实现跨境贸易电商 B2B、B2C 进出口商品的便利监管，并对试点平台及企业实施通关、退税、结汇的配套政策，达到"管得住、管得好、通得快"的通关便利化目标。

（2）在公共服务平台上建立身份认证、安全交易、便利通关、税费支付、信用担保、全程物流等基础应用模式，推动"阳光纳税"及集约化物流，降低了流通成本，提高了通关效率，促进了行业健康、规范化发展。

（3）利用信息化手段，创新监管模式，优化通关流程，实现事前备案、过程监管和事后追溯相结合的管理要求。

（4）实现海关、检验检疫、国税、外管、电商企业、物流企业、支付企业等之间的标准化信息流通，并为国家相关管理部门提供原始、真实、实时的跨境贸易电商贸易、资金、物流的数据支持及决策参考。

（5）实现业务过程可视化，信息系统将管理内容集约化，不仅拓宽了管理者的管理范围，增加了管理深度，提高了管理的及时性，而且还增加了数据的透明度，确保了数据的真实性和准确性。企业管理和客户服务，都可以通过直观方式，实施及时有效的管理，从而提高了业务运行的质量。

四、构建跨境电商物流平台的途径

（一）企业之间的网络对接

由跨境供应链核心企业引导跨境物流企业、电商平台、国际承运商、国内承运商等构建战略同盟，利用大数据、云计算、"互联网＋物流"等建立集成电子商务、跨境仓储、物流实时信息、金融政策、市场营销等所有服务环节的跨境综合性信息服务平台，解决不同企业应用系统、数据格式、通信协议等层面的数据对接、多平台协作以及数据交换问题。

（二）发挥移动端的优势

移动跨境电商的发展情况与各国的互联网发展情况相关。对于美国之类的发达市场，互联网发展进程完备，跨境电商从 PC 端到移动端的发展有很大的存量空间。在一些新兴市场，整个电商的发展水平可能是中国几年前的水平，比如说像俄罗斯、东南亚和非洲，大量用户不需要进入 PC 端跨境电商市场，直接进入移动跨境电商市场，这是未来移动跨境电商发展的巨大的增量市场。跨境电商企业利用移动端拓展自身的物流信息平台，用户随时随地就可以享受到跨境电商的物流服务，增加客户的满意度。

（三）国家公共信息平台的支持

以政府主导开发的公共平台为基础，根据源头可追溯，过程可监控，流向可追踪的原则建立质量安全信息流，根据前端放开、中间可控、后续抽检原则，建立质量安全监管流。通过公共平台，扩展检验检疫的监督管理功能。随着跨境电商检验检疫局监管系统以及其他公共信息平台的上线，将为中国的跨境电商业务提供更加便捷的服务。作为跨境电商物流信息系统的辅助系统，有助于提高跨境电商物流的效率，促进我国跨境电商的发展。

第九章　跨境电商物流服务成本及产品定价

第一节　跨境电商物流服务及运营成本

一、跨境电子商务物流服务与物流成本之间的关系

一般情况下，高水平的跨境电子商务物流服务意味着高的成本投入，而企业很难同时做到既满足客户的要求又很好地控制物流成本。通常，跨境电子商务物流服务水平与成本之间存在着效益相悖的非线性关系。

跨境电子商务物流服务水平的提高将随着物流成本的投入而逐渐减少，也就是说，跨境电子商务物流服务水平达到一定的质量后，再多的成本投入也不会导致服务水平的大幅度提高。因此，跨境电子商务的物流服务水平与物流成本之间的关系可以用报酬递减来解释。

物流成本和跨境电子商务物流服务水平之间存在着"规律中的矛盾"的关系，因此，企业很难在投入较低成本的情况下获得高质量的跨境电子商务物流服务。但是通常情况下，还是有比较普遍的四种方法可供企业选择。

（一）改进物流系统

改进物流系统的做法有一个前提条件，那就是在跨境电子商务物流服务水平一定的情况下，通过不断地降低成本来实现物流系统的完善，从而在维持一定效益的同时减少企业投入。

（二）提高企业投入

为了提高跨境电子商务物流服务的质量，增强企业的竞争优势，企业应提高跨境电子商务物流服务交易的投资成本。这种方法是企业在实际工作中普遍采用的一种方法。

（三）挖掘物流成本潜力

保持成本投入恒定是挖掘物流成本潜力的一个前提，在保持成本恒定的情况下，企业可以通过挖掘成本潜力来提高跨境电子商务物流服务水平。这是一种追求成本效益的方法。

（四）提高成本利用率

提高成本利用率就是企业尽量以较低的成本投入来获得较高质量的跨境电子商务物流服务。这种做法可以带来销售量的提高和收益的增加并且能对企业产生战略意义。

以上只是提供了较为普遍的处理方法，在具体操作中企业要如何抉择，应该充分将商品战略和地区销售战略等方针政策纳入考虑范围，并且综合分析竞争对手的实力以及物流系统所处的环境，最后做出最有利于企业发展创收的方法。

二、跨境电子商务物流服务与物流成本管理的基本思想

跨境电子商务物流服务和物流成本管理的基本思想是指企业同时对物流成本和跨境电子商务物流服务质量进行控制的思路和方法。主要包括以下两大类。

（一）系统管理

系统管理的基本思想指导企业全面考虑物流成本和跨境电子商务物流服务质量管理，不仅要着眼于降低物流成本，而且要考虑如何改善跨境电子商务物流服务，把两者之间的关系作为管理的重要因素和依据。在实际管理中，许多企业物流成本的增加并非由于相关部门的错误操作，而是由于采购部门

和销售部门在作出采购和销售决策时没有考虑物流成本，导致物流成本的不必要增加，但并没有导致跨境电子商务物流服务水平的提高，从而给企业造成经济损失。

因此，在进行物流成本和跨境电子商务物流服务管理时，企业应充分分析物流成本与企业各项经营活动之间的关系，充分了解物流成本的结构，并根据企业自身的特点进行采购物流成本、生产物流成本和销售物流成本的计算和决策，在合理控制物流成本的同时，促进跨境电子商务物流服务的完善。

（二）流程管理

在进行系统管理的前提下，企业在进行物流成本和跨境电子商务物流服务决策的时候要同时对流程进行管理。流程管理就是在具体的操作过程中，企业要对每一个物流步骤进行分析和控制。

在流程管理的基础上，根据客户期望程度的不同，流程管理可分为以下三种情况。

1. 客户对跨境电子商务物流服务抱有期望

客户对跨境电子商务物流服务抱有期望，这一概念非常笼统，客户不仅包括企业内的员工，还包括企业外部批发商、零售商和终端消费者等。但这些客户对跨境电子商务物流服务有不同的期望，即不同的客户对跨境电子商务物流服务有不同的需求。因此，企业必须根据客户的需要作出决策，以避免提供高质量跨境电子商务物流服务的不良影响。

2. 客户对跨境电子商务物流服务不抱有期望却能及时发现

客户虽然对跨境电子商务物流服务没有报以期待，但是在企业提供之后还是能很快察觉的服务在通常情况下都是附加服务。这种服务一般是在客户的期望之外的，但是在企业提供之后，客户可以立刻知道，虽然附加服务并没有满足客户对跨境电子商务物流服务的具体要求，但是它增加了客户价值，从长远分析必定是提高跨境电子商务物流服务水平的重要环节。

3. 客户对跨境电子商务物流服务不抱有期望并且无法及时察觉

客户不期望的服务，即使企业这样做也不能吸引客户的注意，这就是所谓的无效物流运作。例如，在企业仓库中，使用全自动或半自动系统进行操

作，客户是看不到的，客户也不关心，客户关心的是最终收货时是否存在质量问题。

在上述三种情况中，企业首先要做到的是给客户提供第一种跨境电子商务物流服务，即客户抱有期待的跨境电子商务物流服务，因为这一部分服务直接和客户的满意程度产生关系，这一部分服务是以直接满足客户需求为目标的，因此，这一部分的服务不仅要首先做，而且要做好。其次是第二种跨境电子商务物流服务，即客户没有期待却能及时发现的跨境电子商务物流服务，这一部分的服务虽然不直接满足客户的需求，也不能直接影响客户的满意度，但是从长远来看是提高客户价值的重要措施，因此在不提高总成本的情况下是可以进行的。至于第三部分的服务，由于完全不影响客户的满意程度，因此在不影响整体跨境电子商务物流服务水平的前提下，应尽量降低成本，促进企业在减少成本的同时维持跨境电子商务物流服务质量。

一般来说，降低物流成本和提高跨境电子商务物流服务的质量是相辅相成的关系。企业在进行管理时必须考虑宏观因素。从内部来说，在降低成本的同时，最大限度地提高效益，而对外部来说，不能保留成本，因为服务质量要满足客户的需求，这是最终目标，因此，为了提高跨境电子商务物流服务的质量，我们不应该吝啬费用和成本的增加，而是要及时采取行动，提高跨境电子商务物流服务的质量，增强企业的竞争力。

三、跨境电子商务国际物流服务与成本管理的关系

国际物流成本在很大程度上影响着跨境电子商务的发展。基于跨境电子商务各个平台的曝光规则——按单品 SKU 的最低售价以及按照销售量的成交排名，这不仅要求你的产品采购成本控制要好，还要求与之对应的物流成本也要做到最优，才能综合形成你的产品的价格优势。除此之外，跨境电子商务终端客户的产品体验也包括了物流的时效体验，物流速度越快，终端客户收到的货物越及时，客户的产品体验越好，甚至这种良好的物流体验可以转换为二次订单，增加了电子商务企业的产品成交优势。反之，高成本的物流费用，时效不达标的物流体验，会严重地制约跨境电子商务企业的发展。

第二节　跨境电商物流成本的核算及其特殊性

一、跨境电子商务物流成本的核算

物流成本的计算通常与财务部门密切相关，是物流管理的重要环节。物流成本的计算需要不断地、频繁地进行。物流成本核算的目的是为企业物流系统的改进提供依据和依据。跨境电子商务物流成本的计算方法根据分类的不同主要有四种。

（一）按支付形态计算

按支付形态计算是指按照支付形态的不同，将一定时期内的费用因素进行分类计算的物流成本核算方式。这种计算方法以与财务会计相关的费用支出为基础，主要包括材料费、人工费、维护费、管理费等等多种费用的计算。

（二）按物流管理的基本活动计算

基于物流管理基本功能活动的跨境电子商务物流成本的计算方法可概括为：企业物流总成本＝运输成本＋存货持有成长＋物流行政管理成本。在物流管理中，跨国性和开放性的特点导致了一系列相互关联的企业物流成本，这些成本既存在于企业的不同部门，也存在于与企业的伙伴关系中。因此，物流成本不仅直接关系到企业的生产和销售，而且关系到客户对物流服务的需求。因此，这种计算方法能够使企业和客户清楚地计算出企业物流项目的总物流成本。但在具体的操作过程中，也有很大的困难。

（三）按物流项目进行计算

按物流项目进行计算就是对于跨境电子商务物流活动产生的物流成本按照活动的不同进行分开计算。这种计算方式的运用主要是为了适应物流服务新出现的过程特征以及跨越现行会计制度的缺陷。这种计算方法在实际操作中有一个前提条件，那就是要先弄明白物流成本以及物流活动之间的关系，在能够控制物流活动过程的预算体系以及物流服务绩效管理指标体系的条件

下，才能进行这种计算。

按成本分析法进行计算是以物流活动为基础的，这种方法被普遍认为是确定和控制物流费用最有前途的方法。

采用传统的成本计算法进行物流成本的计算时，企业的会计部门只会把会计科目中支付给外部运输和仓库企业的费用归入成本，而这些费用在整个物流总成本中只是很小的一部分，比如企业使用自己的车进行运输、商品由企业内部员工进行包装和装卸，这些其实都是会产生费用的，但是都没有被算在物流成本当中。因此，传统的成本计算法在对费用和物流成本进行分析和确认时往往存在很多缺陷。

传统的成本计算法已经不适用于现代的企业生产，很多费用不能在物流总成本中得到体现，这也导致了物流控制无法有效、科学地进行。在现代成本计算中，普遍采用"数量基础成本计算"的方式，就是将与产量相关的直接工时、机器小时以及材料耗用额作为成本计算的依据和基础。采用这种计算方式使企业的物流活动成本大幅上升，很多企业的物流费用都已经超出了可控范围，并且造成了物流服务水平的下降，这种危机对当前高科技背景下的先进制造企业是非常致命的。

而现在采用的物流成本核算方法则是以成本分析法为基础的一种作业成本法，在企业中采用作业成本法对物流成本进行计算进而进行管理可分为以下四个主要步骤。

1. 界定各个作业

作业在企业中是每一项工作的单位，作业的类型和数量也会根据企业的不同而存在差异。在这个阶段，就是要对企业物流系统中涉及的各个作业进行界定。比如，顾客服务部门的作业就包括处理客户订单、解决产品问题等。

2. 确认物流资源

成本来源于资源，确认物流资源详细来说就是对企业在物流系统中涉及的所有资源进行确认。企业的物流系统在物流活动中涉及的各项资源包括直接劳动力、直接材料、生产维持成本、制造费用以及包括宣传在内的生产外费用。资源界定的基础是作业界定，也就是说，只有作业涉及的资源才能算做这个阶段界定的对象。

3. 确认资源动因并将资源分配到作业

作业对资源耗用量的直接影响被称为资源动因。资源动因连结着资源和作业两大因素，在这个阶段就是要在确定资源动因的基础上，将总分类账目上的资源成本分配到作业。

4. 确认作业动因并将成本分配到产品或服务

成本对象和作业消耗之间的逻辑关系就是作业动因。比如，问题越多的产品就会产生越多的客户咨询电话，而这个案例中电话数的多少就是作业动因。在这个步骤中，就是要确定这种作业动因并将它会产生的成本分配到具体的产品或服务中去。

对物流成本进行分析和计算是为了在提供的物流服务水平一定的前提条件下尽可能地降低企业的物流成本，以提高企业的竞争力。对物流成本的分析和管理要站在宏观的角度进行。由于物流是一个相对大的系统，如果不能从整体对其进行分析和管理，可能会造成大系统下的各个子系统之间各自为政的现象，这样反而会造成物流成本的上升，不利于企业经营和发展。国外一些国家对物流成本的研究已经有了相当长的时间，也形成了相对完善的物流成本分析核算体系，而我国在这方面的研究开展得较晚，相关的政策和法规的制定都相对落后，还没有形成一套完整的物流成本核算体系，这使得我国企业在进行物流成本的核算时没有相关的政策作为依据，因此难度仍然很大。

二、跨境电子商务物流成本的特殊性

当前，很多企业虽然已经认识到物流领域的巨大潜力，但是都没有对物流成本进行有效的控制，这源于企业对跨境电子商务物流成本特殊性的认知。跨境电子商务物流成本的特殊性具体来说包括以下六方面。

（一）隐含性

隐含性是指在现在的企业中，往往没有给物流成本设置单独的财务项目，这就导致在物流成本的管理中会出现很多困难，物流成本中包含的销售费用、管理费用等不在财务项目之中，缺少这些数据，就会给企业对物流成本的管理造成很大的阻碍。而相对来说，外购物流服务支付的费用则比较容易计算，因此，很多企业在计算外购物流服务支付费用的同时，忽略了内部物流成本

的计算，这就造成外购物流服务费用往往被当作全部的物流成本进行计算，然而这只是物流成本中的一部分。

（二）复杂性

物流成本由很多要素构成，不仅包括销售费用、管理费用，还包括人工费、固定资产折旧费、维修费等。这就造成企业的物流部门很难完全掌握物流成本的全部科目，对物流成本的计算也会出现误差。

（三）不明确性

不明确性是指企业在计算物流成本时，对那些由于过量服务而造成的成本往往不能明确地找对属性、进行登记。比如说，由于促销产生的费用，很多企业会将它计入物流成本，而实际上，这是销售成本的主要内容之一。

（四）弱可比性

目前，各企业都根据自己的理解和认知对物流成本进行计算，各企业之间没有形成完整的计算标准，这就使得各企业计算的物流成本的数据缺乏可比性，导致对企业的物流绩效进行衡量变得十分困难，也不利于物流成本管理的改善。

（五）悖反性

跨境电子商务物流成本的悖反性是指物流成本的各项目之间存在着此消彼长的现象，一个项目的升高就会造成其他项目的降低。比如说，企业降低商品的包装费用，商品的损耗费用就会因此增加。因此，企业在进行物流成本管理的时候，要从总成本的角度进行全盘考虑。

（六）综合性

物流成本的计算要考虑到物流活动的全部流程，因此涉及商品的生产中采购、生产、销售等多个流程，因此物流成本具有综合性。物流成本是企业中唯一的、基本的、共同的管理数据，因此，企业所有的部门需要共同对物流活动进行协调，保证物流成本的最小化。

第三节　跨境电商物流成本管理的思路、方法与优化对策

一、跨境电子商务物流成本管理的思路

跨境电子商务物流成本的管理可以遵循下述基本思路。

（一）从供应链的角度考虑

从供应链的角度分析，对物流成本进行控制需要整条供应链上的各个企业通过互相合作，对供应链的运作模式进行优化，从而达到降低供应链上各企业物流成本的目标。

（二）从内部成本角度考虑

从企业的内部成本角度进行物流成本的控制，要求企业的财务部门设立专门的物流成本项目，对物流活动每一笔费用进行及时的登记，这是企业物流成本管理的重要步骤。此外，企业需要利用会计的方法对物流成本的产生进行分析，总结出物流成本的发生规律，从而更好地对物流成本进行管理和控制。

（三）从客户服务水平角度考虑

从客户的服务水平角度来控制物流成本要求企业通过各种调查和分析，了解客户对物流服务的需求，从而确定物流服务的质量及水平，避免因过度服务而造成物流成本的增加。同时，企业需要在确定客户需求的基础上，整合客户服务水平，使物流服务向规模化、专业化发展。

（四）从信息系统角度考虑

从信息系统的角度来控制物流成本要求企业通过建立信息系统，借助互联网和信息技术的帮助，及时、准确、全面地收集物流活动中的所有信息，以达到提高物流服务效率、降低物流成本的目标。

（五）从标准化建设角度考虑

从标准化建设的角度对物流成本进行管理要求企业建立标准化的物流成本管理体系，其中应该包括对物流技术、作业规范，以及物流服务成本的核算进行标准化规定。其中技术规范的标准化有助于提高物流设施以及运输工具的利用效率；物流成本核算的标准化有助于各企业之间形成物流成本核算的具体指标，使各企业之间的物流成本产生可比性。

（六）从利用外部资源考虑

合理、有效利用外部资源能够帮助企业完成部分物流工作的外包，企业将部分物流工作外包给专业的物流公司，通过物流公司的帮助，可以获得高质量的专业技术以及规模经济，并且可以促进企业物流资产闲置的减少。同时，在面对突发状况时，有专业物流公司的帮助，企业可以大大提高反应速度。

二、跨境电子商务物流成本管理的方法

跨境电子商务物流成本管理主要包括三种基本方法，分别是物流成本横向管理法、物流成本纵向管理法以及计算机系统管理法。

（一）物流成本横向管理法

物流成本的横向管理就是对物流成本进行预测和编制计划的过程。物流成本的预测是企业对本年度的企业经营活动可能造成的物流成本进行预测和分析，在充分考虑降低物流成本的潜在因素的基础上，寻求能够使物流成本最低化的方法。而物流成本计划的编制则是在物流成本预测的基础上，按时间对企业的物流成本进行规划。物流成本的预测是保证物流成本计划得以顺利运行的基础和保障。

（二）物流成本纵向管理法

物流成本的纵向管理就是对物流活动的整个过程进行管理和优化。物流活动是由多个环节共同组成的，为了达到物流成本最低化的目标，就要对整

个物流活动中的所有环节进行管理，保证在每一个环节，物流成本都得到了最大的使用率。物流系统是一个庞大且复杂的系统，要对物流系统进行全程的管理需要借助先进的管理方式和手段。具体来说，采用物流成本纵向管理法保证物流系统合理、高效运行的主要手段和措施包括以下四种。

1. 运用线性及非线性规则

运用线性规则及非线性规则对物流成本进行管理主要就是通过编制最优运输计划来实现运输过程的优化。在物流过程中，企业往往会遇到很多运输问题，包括商品的生产厂家数量、商品供应给客户的数量、运费优化等。运用线性规则就可以对已经确定生产成本和单位运输成本及运输距离的物流运输问题进行解决；而运用非线性规则则可以解决当工厂生产量发生变化、生产费用呈现非线性趋势时的物流问题。

2. 运用系统分析技术

运用系统分析技术，可以帮助企业选择货物运输的最佳数量配比以及最优路线，以实现物资配送的优化。货物配送线路是否合理会直接影响到货物的配送速度和配送费用，从而导致物流成本的差异。目前，最成熟的优化配送线路的方法是节约法又称节约里程法。

3. 运用存储论原理

运用存储论的原理对库存量进行合理科学的管理和优化，有助于实现物资存储的最优化。储存在物流系统中是一个重要的步骤。从生产到销售到客户手中，每一个环节的商品都会发生存储问题。因此，在每个阶段，库存量的多少、库存补给的时间和间隔都成为影响物流成本的重要因素。运用存储论原理可以有效解决这些问题，其中比较有名的方法是经济订购批量模型，即 EOQ 模型。

4. 运用模拟技术

运用模拟技术可以对整个物流系统进行分析，以实现整个物流系统的最优化。运用模拟技术可以控制和管理的对象主要包括物流服务质量、物流费用以及物流的信息反馈。在模拟过程中，企业通过逐次逼近的方法来逐步获得最接近实际数据的影响物流成本的因素和变量。这些因素主要包括流通中心的数目、对客户的服务水平、流通中心收发货时间的长短、库存分布等。

（三）计算机系统管理法

计算机系统管理法就是将物流成本的横向管理法和纵向管理法连接成一个系统，在这个不断优化的系统内进行循环反复地计算和评价，使物流成本不断优化，最终达到总成本最低的目的。

三、跨境电子商务企业不同环节物流成本的控制

（一）零售业进货成本的降低

零售业是跨境电子商务系统之中的重要企业主体。随着跨境电子商务模式在社会上的推广，零售业发生了巨大的变革，传统的零售业态逐渐萎缩，而一些新型的零售业不断取代传统零售业成为零售业的主导和先驱，低价位、大众化的网店得到了突飞猛进的发展，例如京东、当当、苏宁等。这些电商能够实现如此巨大的进步虽与互联网的普及有关系，但是他们的成本控制方法也是其成功的一大助力。

电商通过数据统计制造商规模、统一进货，提高退货标准，因而进货单价非常低廉。对于这类零售企业来讲，最为重要的是购入的商品能全部销售完，因此，零售企业必须建立各店铺销售人员负责、保证商品全部售完的有效机制。这种机制是通过信息系统实行单品管理的，从而能做到及时、正确地把握商品在库残留量的信息。

（二）生产商物流成本的合理化控制

成本一直以来都是生产商企业经营的一个重点。在产品制造过程中，生产商采用更为优化的物流方法则成为控制成本的一个重要方向。一般来说，物流成本的控制包括从原材料购进到货物最终运输等多个环节，时间比较长。这其中比较典型的就是钢铁行业。钢铁行业企业从原材料购进到各种类型钢材的出产包含有多个环节，因此也有较大的成本控制空间。

因此，从生产成本的管理手段上来讲，主要是从 CIM（计算机整合制造）开始，运用 VA（价值分析）和 IE（工业工程）等方法进行控制。

（三）运输业者提高产品配送的效率化

生产商在工厂内生产出产品以后，在产品到达最终用户之前，需要经过许多的流通环节，削减在流通过程中所发生的费用是十分必要的。以下具体介绍其中几种重要的运输业控制物流成本的办法。

1. 各运输业者协力降低成本

在所有配送费用中，尽管有发生在物流中心内的装卸、产品配送调度等各种费用，但所占比例最高的是运送费，通常运送费占所有配送费用的 50% 以上。因此，在削减配送费用的过程中，最为重要的是严格控制对运送业者支付的运费。最近，运输业中运输过频以及高速公路费用上涨等都是成本上升的直接原因。在这种状况下，运输业仍然在通过提高货物积载率努力降低成本。但是，在削减运输费用方面，仅仅依靠本企业的努力显然是十分有限的，各运输业者需要相互协调，进行各种尝试。

2. 运输业间的共同配送

最近，作为降低配送成本的方法之一，运输业者之间开始开展货物的共同配送。通过运输业者之间的共同配送可以提高货物装载率，进而削减由于运输过频或装载率较低产生的物流费用。例如，在日本，运输业者已经在东京和大阪等干线道路实行了共同配送。运输业者间实行共同配送的一个最大优点是，打破了单一企业物流系统最优化的模式，进而追求产业的最优化和整体成本的最小化。但是，应当注意的是运输业间开展共同配送，首要的条件是各运输业者要统一运输工具，另外，由于运输业者仍然存在独立的企业运输服务，因此存在一些必须逾越的障碍。

3. 向货主建议通过共同配送削减运费

货主间的共同配送也是削减物流成本的有效方式之一，当然，这种配送方式既有同产业内的共同配送，也有不同产业间的共同配送。运输业者在向货主提议时，必须注意到货主企业间对相互的物流状况缺乏了解，也难以充分明晰共同配送所产生的利益，所以运输业者必须与货主企业进行充分沟通，并详细分析、揭示共同配送所产生的利益。

4. 接受货主企业的全权委托

通常，货主和运输者之间的关系仅仅是一种简单运输委托与代理关系。

一些企业通过数据统计和企业关系管理与运营，逐渐提高了自己的运输经营的管理能力，通过降低自己的报价，能够帮助货主企业降低一部分的物流成本。运输业者全面承接来自物流企业的各种类型的委托，则能够通过自身的经营能力帮助全行业的企业降低物流成本。在运输业者的营运能力提高以后，运输业者则可以通过投资进一步降低物流成本。例如，运输业者可以构建大型的物流信息平台和物流中心，对需要运输的货物通过物流信息平台进行沟通，在物流中心进行重新组合，加强集约化程度，从而逐级降低物流运行成本。这种物流成本控制思想的本质是集约化建设，这一方面能够保 iiE 运输业者所获得的实际收益，另一方面则能够降低货主的运输成本。

四、跨境电子商务物流成本管理的优化对策

物流成本是反映物流作业真实情况的重要依据。通过对物流成本进行计算和分析，可以进一步对企业的经济效益进行研究，从而找出企业在物流中出现的问题并加以解决。由于物流系统中的各个环节之间存在着互相影响且交替损益的关系，因此不能将某一环节的物流成本作为整个总成本的预测基础，物流总成本才是衡量整个物流作业经济效益的统一尺度。因此，对跨境电子商务物流成本进行管理的优化对策要针对物流总成本展开。大体上，优化对策可以分为两大重要的策略，一是物流成本控制策略，二是压缩物流成本策略。

（一）国际物流成本控制策略

（1）通过整合物流综合方案来降低物流成本。跨境电子商务物流的需求是碎片化的，复杂且多样。不同的产品属性，不同的重量体积，不同的国家地区，不同的物流渠道，计费方式和成本都相差甚远。企业要根据自身平台对物流的要求以及买家的需求来整合和优化最合适的物流线路，以达到成本最优。物流成本的降低，必然会带来销售额度的增加。

（2）通过实现供应链管理和提高物流服务管理来降低成本。实现供应链管理不仅要求企业的物流体制效益化。同时，物流部门和产品部门、采购部门等都要加强成本控制。提高物流服务可以确保平台和账号等企业利益，同时也是降低企业物流成本的有效方法。

（3）通过 ERP 信息系统管理来降低物流成本。这是通过标准化的系统管

理来实现物流的操作和订单处理，并且通过 ERP 标准化的流程来节约人工成本，实现企业用工的最优化。通过 ERP 系统监测和管控的物流数据对当前的物流状态和问题进行梳理和防范，让企业的物流管理成本大幅度下降，从而达到降低物流成本的目的。

（二）压缩物流成本策略

压缩物流成本策略的方式就是在考虑物流以及与物流相关的因素之外，同时也要提出使物流合理化的方法。这样的方法主要包括以改变客户服务水平为目标的物流合理化，以及在规定服务水平的前提下改进物流活动效率的合理化两种。

从降低物流成本的效果来看，改变客户服务水平为目标的物流合理化的方法取得的效果更加明显。然而采用这种方法会带来物流服务水平的改变，因此，在实际操作中，大多数企业会选择由第二种方法入手逐渐转化为第一种方法的做法。

1. 压缩物流成本策略的操作方法

在实际操作过程中，压缩物流成本策略的操作方法按照物流成本具体项目的不同也会存在差异。

（1）运输成本。降低物流成本中运输成本的方法主要包括减少货物的运输次数、提高货运车辆的装载效率、设置最低接受订货量、优化运输手段、通过分离商流和物流的方式缩短物流途径等。

（2）保管费。降低物流成本中保管费的做法主要包括对库存物资进行严格管理、保持库存量的合理化、提高库存货物的保管效率等。

（3）包装成本。降低物流成本中包装成本的主要措施包括采用价格低廉的包装材料、进行简易包装、促进货物包装机械化等。

（4）装卸成本。减少装卸成本的具体操作方法包括减少装卸次数、促进装卸机械化、引进集装箱和托盘等装卸设施等。

2. 完善物流途径

从降低物流成本的角度分析，完善物流途径，使之简短化对减少运输费用和货物的装卸费以及保管费具有重要意义。

实行物流途径简单化的重要手段是促进商流和物流之间的分离，通过将

货物的商流和物流分离来实现物流途径的简易化，将复杂的商流途径通过同一个途径从物流途径中分离，从而产生一个合理的统一的物流途径。

完善物流途径不仅能缩短运输距离，降低运输费用，而且有利于物流业务的统一管理。通过将各个分店经营的物流业务集中到配送中心进行处理，配送中心就可以对这些物流业务进行统一管理。

3. 扩大运输量

扩大运输量的目的是通过增加每次运输的数量，减少单位运输的费用，从而避免在运输过程中出现设备消耗和成本浪费的现象。

扩大货物的运输量可以通过以下几种方式解决：增加接受订货的最低数量、减少运输次数、与其他企业共同运输等。这三种方式都牵涉物流服务的质量和水平，因此不能在企业的物流部门单独进行。因为，提高接受订货的最低税就意味着客户每次订货时需要增加数量，这需要获得客户的同意；同样，减少货物的运输次数就意味着会延长货物的送达时间，这也需要获得客户的允许。同时，由于这些方法会改变客户收到货物的成果，因此会影响到销售活动，所以在进行这些操作措施的过程中，首先要获得销售部门的同意，并且要预先估测物流成本的减少量对销售可能造成的影响，避免出现因过度强调物流成本的控制而造成销售成绩大幅下滑的反效果。

4. 合理的库存

库存具有调节生产和销售的功能，因此，保持合理的库存量对于企业的经营来说也是非常重要的一个环节。从降低物流成本的角度考虑，库存越少越好，但是如果库存量过少，在突然出现订货量增加等情况时，企业就会因为缺货而损失客户。因此，保持合理的库存量是一个很难掌握分寸的环节。

保持合理的库存量首先要对应相应时期的客户需求量，客户需求量的多少就是这个时期库存量的最小值，也就是在这个时期合理的库存量，因此，库存管理的核心任务就是维持好这个数量，并且根据订单和订货日期的改变不断更新合理的库存量。

第四节　跨境电商产品定价

近几年跨境电子商务发展快速，无论是传统的进出口外贸企业，还是原先做内贸或电子商务的企业，还有一些自主创业的小微企业或个人，都会尝

试利用跨境电商来提升自身企业的竞争力或寻找创业的机会。特别是很多个人和小微企业都开展了跨境电子商务，但对产品如何定价的方法和技巧还不是很熟悉，而产品的定价问题又是跨境电商业务能否成功的关键。

一、跨境电商产品的定价的方法

跨境电商产品的定价要考虑的因素有很多，如产品类型（爆款、引流款、利润款）、产品的特质（同质性、异质性、可替代程度）、同行竞品价格水平、店铺本身的市场竞争策略等，最基本的可以采用的定价方法有成本导向定价与竞争导向定价的方法。

（一）成本导向定价法

成本导向定价法比较简单易懂，指在产品单位成本的基础上，加上预期利润作为产品的销售价格。采用成本导向定价方式的关键点：一要准确核算成本，二要确定适当的利润加成率也就是百分比。根据成本价加费用加利润来定产品的销售价格，确定完产品的销售价格后，决定上架价格，要依据营销计划的安排确定。

例如，从 1688 平台采购或从工厂采购某产品，成本是 7 元每件，共 100 件，包装质量为 370 克（每件的包装重量为 25 克），国内快递费或运输成本为 8 元人民币，银行美元买入价按 1 美元＝6.4 元人民币计算，假设平台目前的平均毛利润率（15%），还有固定的成交平台的技术服务费或佣金费率 5%，及部分订单产生的联盟费用 3%～5%。我们可以按以下步骤计算推导。

首先，计算跨境物流费用，查询中国邮政小包价格表，按照第 10 区运费即最贵的运费报价包邮（价格：176 元/千克。挂号费：8 元，折扣 8.5 折），则跨境物流费用为：运费×折扣×计费重量＋挂号费＝176×0.85×25/1 000＋8＝11.74 元人民币。

下一步计算销售价格，销售价格＝(采购价＋采购运费＋跨境物流单位运费)÷(1－平台佣金费率－联盟费用)÷(1－利润率)÷银行外汇买入价＝(7＋8/100＋11.74)÷(1－0.05－0.05)÷(1－0.15)÷6.4＝3.844 美元/件。其中，5%的联盟佣金或营销费用不是所有订单都会产生，但以 5%作为营销费用，较为合理。

其中还可以加入可预知风险，如可能投入的丢包及纠纷损失，如果按邮

政小包丢包率 1%来算,可以推算出:销售价格 =(采购价 + 采购运费 + 跨境物流单位运费)÷(1 − 平台佣金费率 − 联盟费用 − 丢包率)÷(1 − 利润率)÷银行外汇买入价 =(7 + 8/100 + 11.74)÷(1 − 0.05 − 0.05 − 0.01)÷(1 − 0.15)÷6.4 = 3.888 美元/件。

(二)竞争导向定价法

竞争导向定价:定价基本依据是市场上同行相互竞争的同类商品的价格,特点是随着同行竞争情况的变化随时来确定和调整其价格水平。如想要了解某商品同行的平均售价,具体做法是:在自己想要进入的跨境电商买家平台搜索产品关键词,按照拟销售产品相关质量属性和销售条件,依照销售量进行大小排序,可以获得销量前 10 的卖家价格;如果想获得销量前 10 卖家的平均价格,可以按照销量前 10 的卖家价格做加权平均,再根据平均售价倒推上架价格。

例如,在全球速卖通买家网页,搜索产品关键词打底裤,依照销售量进行大小排序,搜索同行竞争卖家的价格,如果搜索到的前 10 的卖家的价格差别很大,有益的参考价值有限,就需要依据前 10 的卖家的店铺、销量、价格等计算其价格加权平均数,得到平均售价作参考。这种通过计算权量的定价方法,理论上行得通,实际上应用得不多。

采用竞争导向定价法,更多的要依据商品的差异性和市场变化因素。入境电商物流服务成本及产品定价,如果企业商品进入一个新的电商平台,可以参照销售商品十分近似的企业的售价试水,并不是比竞争对手低的价格才是最好的定价。在与同行的同类商品的竞争中,最重要的是不断培育自己商品的新卖点,培育新的顾客群,通过错位竞争和差别化定价方法,才会找到商品最合理的价格定位。按照销量前 10 的卖家价格做加权平均。

二、跨境电商产品的定价技巧

网上卖东西与网下有很大的不同,各个电商平台有自己的特点和适应人群、定价区间和策略。而且网上消费者有订货时间、地点分散,商品种类、时效性不同,订货批量不大等特征,经常使用的定价策略有免费策略、差别

定价策略、动态订货时间不同定价策略以及联盟定价策略等，在具体运用中，跨境电商产品的价格定位有以下几个技巧。

（一）依据不同电商平台销售相同产品的定价技巧

许多网上产品的价格已经相当透明，为广大卖家所熟知，因而卖家对自己想经营的产品的价格及价格变化，要保持较高的敏感度，要通过对比不同跨境电商平台销售相同产品的价格来定价，这种方法或技巧很简单易用，但是也容易引起问题，如同样的玩具产品，外形式样相同但材质不同，价格差别有的很大，因而买家购买后在不了解的情况下容易引起纠纷。所以，卖家一定要了解某类不同档次产品的市场价格，具体做法可以通过搜索选项找出该产品价格从高到低的排序，并分析产品质量对应价格的情况。如现在想了解打底裤的国际价格，可以在亚马逊、eBay、速卖通上分别搜索，会发现亚马逊平台上的价位高一些，而且在冬季，质地厚、保暖性强的打底裤更畅销，价位也当然要高于春秋季节；如果在跨境电商平台上没有完全找到与自己销售的同质的产品时，可以找同类产品中类似的材质或款式样式产品的价格作为参考；如果所在的电商平台没找到同类同质的产品，可以把利润控制在20%左右，作为定价依据。

（二）依据市场买家不同特点的定价技巧

不同的跨境电商平台所对应的消费群体各有特点，要仔细研究市场买家特点，从而确定不同的产品价格。如跨境电商平台买家是经营网点或实体店的中小批发商，其特点是库存量小、产品订购频繁、产品的专业性不强，一般是同时经营几条产品线，比较注重和在意的是转售利润空间，注重卖家产品的专业性及售后服务质量的高低。根据这类买家的特点，小巧轻便的产品可以打包销售，设置免运费；跨境电商平台卖家的批发价一般要比国外直售单价至少低30%，低的这部分30%给买家转售留下了利润空间，又包含其转售产品的基本费用成本。如果跨境买家是个人消费者，定价要稍高；如果是个人定制的产品，价格要更高一些。作为卖方，要重视消费者行为对商品定价的影响，如跨境消费者的上网频率、购买方式、习惯传统及对商品的喜好

程度等。

（三）依据卖方企业不同的经营目标的定价技巧

卖方企业的经营目标不同，制订出的价格策略也会不同。比如，在进入跨境电商市场初创时期，经营用户规模比较小，可以采用低价甚至是免费定价策略来快速获得用户、提高流量，采用多种营销手段使访问者转化成潜在的购买者和实际购买者。

如果实行个性化、差别化经营策略，专业化运作的专门出售某类商品的平台或网站，定位明确，有利于吸引大批忠实的消费者，在产品定价方面，可以推出高中低三个价位：低档做引流吸引客户，中档作为赚取利润的主要来源，高档提升总体的品牌质量。比如，推主品牌的同时，推出子品牌或副品牌，彼此不产生品牌形象冲突，可以在大品牌的统领下，推出三个系列，不同系列的产品价格差别很大，用差别定价技巧可以不流失客户，并能赚取更多的利润。

（四）依据物流费用的优惠程度定价的技巧

合理设置运费或跨境物流运费，特别是新手卖家应该给予足够的重视。针对单位价值较低的产品，可以设置免运费，比较容易吸引客户，也便于隐藏高额运费。卖方在上架产品前，应对每个产品进行称重并计算相应的运费，合理设置包装方式，尽量将运费成本降到最低，并让利于买家，会在价格上获得更多的竞争优势，利于产品的销售。卖方一定要提高物流反应速度，提升消费者满意度，选择高质量的第三方物流或在有足够实力的情况下发展自己的物流体系，注重商品需求与退货为随机条件下的逆向物流定价策略，更有利于企业制订更具实效性且符合商品市场实际情况的价格策略，使成本消耗更低和收益更高。

（五）合理运用定价区间的小技巧

进行跨境电商产品定价时，可以合理运用定价小技巧，如同价销售术或分类型同价销售法、价格分割法、非整数法和弧形数字法等。同价销售术或

分类型同价销售法，如设置 1 元、10 元、50 元、100 元商品区等；价格分割法，可以采用较小的单位报价或用较小单位商品的价格进行比较两种形式；非整数法，能激发消费者的购买欲望，即把商品的零售价格定成带有零头结尾的非整数的做法，如以每件 1 元的价格销售的商品，价格变成 9 角 8 分；弧形数字法，用带有弧形线条的数字进行定价，如 5、8、0、3、6 等。

第十章　跨境电商物流服务优化

第一节　跨境电商物流优化的目标

为跨境电子商务客户提供准时、快速、低成本、高质量的物流服务，促进跨境电子商务发展是跨境电子商务物流优化的主要目标。

一、时效性

跨境电子商务物流的时效性包含两个层面含义：一是货物送达速度，二是货物送达周期的稳定性。货物送达时间过长或波动过大均将严重影响客户的网上购物体验。时间波动过大时，跨境电子商务卖家为了满足市场需求避免缺货，只能加大安全库存以备急需，因此增加了库存成本，甚至造成滞销过时的严重后果。

二、成本

跨境电子商务物流业务主要成本来自于跨境电子商务物流成本，较低的物流成本是卖家商品核心竞争力所在。

三、质量

为了增强跨境物流服务体系的合理性，应打造统一、科学的物流服务体系，根据服务体系的相关要求提供相配套的物流基础设施，以保证优质的服务质量。同时，强化物流服务团队建设，禁止各个物流企业、团队出现恶性竞争的现象，避免与改善"丢包""拆包""换包"等现象，降低货损、货差，解决退换货难，提升服务质量，以维持良好的企业形象。

第二节　跨境电商物流优化指标影响因素分析

跨境电子商务物流优化指标包括时间、成本和质量，本节将对这些指标及其影响因素进行分析，并有针对性地提出优化措施，提升跨境电子商务物流系统效率。

一、时效性控制

从时间的构成分析入手，我们分别从各个业务环节研究控制时间消耗和时间的波动量的策略，从而提升跨境电子商务物流的时效性。

（一）时间构成分析

从整个系统层面来看，跨境电子商务物流业务活动时间由网络运输时间、节点储存或转运时间两部分构成。

1. 境内（外）收（派）货时间

这部分时间大致分为等待车辆时间、收货时间、车辆运输时间。时间的长短取决于车辆是否能及时派出、运输距离、路况以及司机的技能水平等因素。

2. 境内（外）仓储周转时间

商品在到达仓库以后，需要等待通关国际运输或配送，这段时间由货品的卸货入库、分拣出库、装车运输等作业时间构成。其时间的长短取决于仓库的设备、人员的操作效率及作业管理组织水平。

3. 境内外通关时间

由于跨境电商具有小批量、多品种、高频次的业务特点，这种碎片化海量订单，使得跨境电子商务商品在通关时，申报手续烦琐、申报时间长，费用支出也非常高，给传统的以报关单为依据的监管模式带来较大的挑战。

4. 跨境运输时间

跨境运输时间分为货物运输准备时间、货物装卸时间，以及端点港之间的运输时间。

（二）控制时间消耗

控制时间消耗需要按照跨境电子商务物流业务流程，控制各个业务环节消耗的时间。

1. 控制境内（外）收（派）货时间

实现该目标可通过共享社会资源，构建社会运力池，利用跨境电子商务物流信息平台，基于大数据技术打造中转中心、调度中心、结算中心，集成利用社会运输资源以及时得到收货信息，就近派出车辆，简化收货手续，优化运输路线等手段。例如，根据以往的物流快运公司的表现、各个分段的报价、即时运力资源情况、该流向的即时件量等信息，进行相关的"大数据"分析，得到优化线路选项，并对第三方物流公司进行优化组合配置，系统将订单数据发送到各个环节，由相应的物流公司完成。大数据平台使得某个地区内的物流资源都可以纳入调度使用范围，"皆为我所用"，从而做到"收货信息及时传达，运输车辆及时到达，运输路线优化"。当然提前做好货物的准备，是缩短收派货时间的前提条件。否则，车辆到达后，不但不能及时装车运输，还耽搁了运力，造成经济损失。

2. 境内外仓储周转时间

货品卸货入库、分拣出库、装车运输等作业时间的长短取决于仓库的设备、人员的操作效率及作业管理组织水平。为此，企业需要大力引进现代化的物流技术和管理组织系统，提高仓储作业效率，加快境内外仓储周转时间。以"苏宁云仓"为例，该仓采用智能物流机器人进行协同与配合，通过人工智能、深度学习、图像智能识别、大数据应用等诸多先进技术，让工业机器人可以进行自主地判断和行为，适应不同的应用场景、商品类型与形态，完成各种复杂的任务，在商品分拣、运输、出库等环节实现自动化。并联机器人拣选速度可达每小时3 600次，相当于传统人工的5～6倍。

3. 创新海关监管模式

针对跨境电子商务小批量、多品种、高频次的业务特点，可在通关环节探索实践以下举措：先出后报，配合货物暂存账册，允许产生订单的产品先行申报出境，备案清单离境，然后进行报关单申报；设置暂存区，便利货物与区外之间的往来，避免提前申报出口报关单带来的删改单等问题；实行集

中申报，允许一定时间段内集中申报出口报关单；实行无纸化通关，实现出口报关单、出境备案单、出库单等单证的无纸化申报；采取合并同类项措施，允许将商品编码前八位相同的货物归并为同一项进行申报，有效降低单证量；构建信用体系，对报关主体实行信用记录跟踪，对信用高者采取抽查检查等方式，加快放行。此外，还可加强与跨境电子商务系统其他相关单位或机构的信息共享，互相印证，提高监管效率。

4. 跨境运输时间

两端点之间的运输由于受到运载工具技术条件（比如运行速度）的限制，改进的空间有限。但在端点港消耗的货物准备时间和货物装卸时间按照当前的操作水平还具有一定的提升空间。

例如，某国际快递巨头在深圳宝安国际机场设置了亚太转运中心，根据航空物流的时效要求，国际转运中心必须在短短 2 个小时内完成所有的转运业务，包括海关进出港申报、进港卸机操作、配合海关查货、机坪理货和运输调度、各项单证制作和系统录入、出港航班配载安排和装机等一系列操作，再加上各个到站航班的机型和容量各异、各航线货量不平衡、集装箱箱型尺寸存在差异，而且除了进港航班上的中转货之外还有大量的深圳本港货也要出港等条件约束，因此需要针对航班的时效性和集装箱体积重量的适航性作最合理的 Rebuild plan，以及重新申报、重新录单、重新装箱装机。

该公司由于信息获取能力不足，不能事先取得货物和集装箱的重量、体积等精确信息。通过将装载率低的、小尺寸的 AAZ/AAY 集装器，以及装有重量小、件数多的货物的集装箱标示出来，在飞机到达转运中心以后，有针对性（而不是所有）地将这些集装器转移到转运中心重新配载，减少了货站查货的环节，从而节省了约 30% 的操作时间。

（三）控制物流时间的波动

跨境电子商务货品从国内发货，物流配送周期存在很大的不稳定性，波动相当大，一般在 5~30 天。通过对运输周期不稳定的主要原因分析，找到可以改进的地方，才能使运输周期波动趋向最小化。

1. 物流时间波动原因分析

收（派）货点至境内（外）仓储运输不稳定的主要原因包括货品没有到

齐，在收货点等待达到一定货量时再装车；装卸时间不稳定；途中运输时间不稳定；需要经过中转站的重新编组或转载。

国内仓储至海外仓运输不稳定的主要原因包括货品在香港或深圳等待船期（以粤港澳大湾区为例）；通关时间不定；从平台到香港或深圳港口汽运时间不稳定；装船时间不稳定；海上运输时间不稳定；空中运输时间不稳定；货品到达目的地后，未能及时提货。

2. 平稳物流时间波动的主要措施

平稳物流时间的措施包括以下几点。其一，选用稳定性比较好的运输方式，例如铁路运输的时间稳定性要好于公路、水路运输。随着我国"一带一路"倡议的实施，铁路运输到达的国家或地区越来越多，覆盖的跨境电子商务消费地越来越广，铁路运输已经日益成为跨境电子商务物流主要跨境运输方式之一，运输批量越大，运输公司越容易给出优先的运输安排，发货时间也越稳定，因此，扩大运输批量也是稳定物流时间波动的主要措施。其二，提前作好计划，或者将货物提前存放在境内仓库或者海外仓，有助于货物优先作业安排，从而减少作业时间的波动。其三，简化物流业务环节，防止多个业务环节时间波动叠加，业务环节越少，则时间波动性也越小。

二、物流成本分析与控制优化

跨境电商物流成本主要包括运输费用、仓储费用、订货费用、缺货所带来的损失费用。以头程海运＋海外仓模式为例，其中运输费用包括采购收货地到境内转运仓库的运输费用，境内转运仓库到港口的运输费用，境内港口到境外港口的海运运输费用，境外港口到海外仓库的运输费用，海外仓到境外客户的运输费用。

仓储费用包括境内转运仓库的储存费用、海外仓的仓储费用、出入库操作费用、其他增值服务费用。

由于跨境电子商务物流业务影响卖家的库存控制策略、订货策略、缺货损失，因此我们将订货费用及缺货损失费也列入物流成本中。

订货费用是指从供应商处采购所花费的谈判人员差旅、商务谈判、合同签订、订单处理等所产生的费用。缺货损失费是指由于缺货而错失销售的机会成本，以及因此对品牌产生负面影响而造成未来该品牌商品销售损失所带

来的成本。

（一）运输费用控制与优化

控制成本常见方法包括扩大业务量发挥规模效应、降低单位物流成本、通过技术手段增加投入/产出比、减少空载消除浪费等。

1. 境内（外）集（派）货运输费用控制

跨境电子商务物流业务由于订单分散，难以发挥规模经济效应。这类"碎片化需求"导致了"碎片供给"，即提供产品或服务的企业数量众多，规模小，竞争激烈。"碎片供给"的结果，通常是行业整体激烈的价格战。在成本难以压缩的情况下，价格的下降必然是以服务品质的下降为代价的。针对仓储物流领域的"碎片"现状，可在需求一端，将跨境电商平台的大量客户的发货信息汇总起来，并进行初步处理。在供给一端，将小仓储物流公司的分散运送能力通过信息化系统整合起来，使小快递公司通过访问"云仓储物流"平台获得客户，并通过这个平台取货、送货。"云仓储物流"平台需要依托大数据处理提高供给、需求两端的集中度，才能发挥规模效应。

通过大数据平台整合集成社会物流资源，可以优化配置物流资源，降低社会物流成本。大数据平台通过信息化手段，以物流需求为驱动，以物流服务订单为合同，统筹了全球的可用社会物流资源，实现即时使用，即时结算。

2. 干线运输费用控制

就跨境电子商务干线运输而言，因其运输距离较远，耗费了大量费用，使这一阶段物流成本控制大有可为，这对控制跨境电子商务的整体物流成本具有十分重要的意义。因此如何通过合理选择和使用运力资源来降低跨境电子商务物流总成本显得尤为重要。跨境电商干线运输等，在空运运输模式下尤其如此，运载工具（货机）某一有效载货容积内，如能提高装载量，进而对降低物流成本有明显作用。由于国际航空干线运输需要跨越多个地区或国家，有的货运需通过若干机场节点进行集货转运，再加上时效性的要求，致使集装器具的装载率偏低，导致机舱浪费，对航空货运运营造成了重大经济损失，最严重的国际航空物流成本问题。

通过提前制定整合计划、完善信息系统、再造操作流程等措施可显著减少货机在机场转运中心的作业搬运次数和作业量，提高作业效率，节省航空

时间，提高机舱装载率，降低航空运输成本。

（二）仓储费用的控制与优化

1. 提高仓储出入库作业效率

采用先进物流技术可以提高出入库作业效率。目前"无人仓"的存储效率是传统横梁货架存储效率的 10 倍以上，仓库作业人员工作效率得到大幅提高。一般的云仓，只需一两个管理人员，就可以控制大小件商品的全自动存储与补货操作。其中，自动化仓储系统（ASRS 系统）每小时可实现自动存取双循环 30 个托盘（单循环 50 个托盘），Miniload 高密度存储系统每小时可实现小件料箱和硬纸箱自动存取双循环 1 400 箱。

2. 控制库存

跨境电子商务商品的移动空间和时间跨距长，加急采购或缺货成本较大，如何控制好库存，对于降低物流成本具有重要意义。利用大数据技术分析客户需求规律，预测客户未来需求量，做到及时配送，可以达到控制库存的目的。企业也可建立订货库存模型并分析计算出订货点、安全库存、最佳订货批量、最低物流费用等重要参数，卖家可以参考以上参数实施，从而达到控制库存的目的。

三、质量管理与控制优化

货损、货差频发，退货困难，成了跨境电子商务用户重点关注对象之一，同时，它还是提高跨境电子商务物流服务质量和优化的首要目的。在此背景下，本书提出了一种基于数据挖掘的跨境电子商务物流质量控制系统模型，以提高跨境电子商务服务水平和效率。通过资讯化的方式，尤其是大数据技术，实现了有关跨境电子商务物流服务的数据统计，分析、加工获得了各质量指标，以及执行监测、筛选，能够实现控制服务质量最优的目的。

（一）评估承运商表现

通过大数据对各承运商的货品破损率等关键业绩指标进行计算，为跨境电子商务物流选择最优供应商提供决策。

（二）降低货损索赔

通过数据分析各种运输方式发生货损、货差比率之间的相关关系，改善运输方式，减少货物损坏索赔率。

（三）货损责任人追踪

通过条形码扫描识别，"监测"库房工人分拣或移动操作的全过程，采集跨境电子商务物流各个业务环节的货品差错数据，并且可以定位到哪个工人在处理哪一个订单，追根溯源，找出造成货损、货差的责任人，并加以管理，减少货损、货差带来的损失。另外，设置海外仓等方法，可及时处理退货与换货业务，从而解决跨境电子商务退换货难的问题。

第三节　大数据时代的物流服务优化

大数据指规模超过典型数据库软件收集、存储范围的数据。大数据作为一种新型技术已经在多个行业得到广泛运用。随着大数据的到来，更多物流和相关公司认识到大数据所包含的巨大价值，数据分析和挖掘需求日益增加。在此背景下，大数据将成为未来商业竞争的核心要素之一，并为各行各业带来颠覆性影响。大数据最可贵之处，就是从浩如烟海的信息中挖掘新知，继而创造新价值。

大数据时代，物流企业的日常数据浩如烟海，层出不穷，尤其是全程物流包括了运输、储存、搬运和配送、包装与再加工的步骤，各个环节信息流量大，使得物流企业难以及时，准确地处理此类数据。如何从大量的数据当中挖掘有用的信息，并加以利用成为了当前物流业发展面临的难题之一。在大数据时代来临之际，大数据技术可以通过数据中心的建设，挖掘隐藏于数据后面的信息价值，从而给企业带来了有益帮助，给商家带来了盈利。

与常规数据库应用相比，大数据分析的特点是数据量庞大，种类繁多、价值密度较小，处理速度较快，所有资料的搜集，归类、对其进行加工整理，为企业的经营决策提供具有应用价值资料。目前我国物流业已经进入了一个以信息技术推动发展的新时期，大数据技术正在逐步成为物流管理中不可缺

少的工具。大数据时代，对物流企业信息化提出了最严峻的挑战，就是如何利用大数据分析来提高自己物流服务水平。物流行业作为国民经济中重要的基础服务部门之一，其运营效率直接关系着国家整体经济运行水平。物流行业及材料供应商等、产品制造商和批发零售商、消费者是紧密相连的，涉及数据量巨大，有一定的经济价值。而将大数据分析运用其中，正好可以快速，有效地处理这类数据，获取确切的有潜在价值信息，有力地促进了物流行业发展。

一、大数据引领跨境电商物流行业发展

（一）帮助跨境电商物流企业了解行业发展的最新动态

目前，物流业面对的是一个高度竞争、瞬息万变的市场环境，尤其是跨境电商物流，面对的是更具不确定性的国际市场，任何突发事件都会带来需求的急剧变动。许多运输空载的问题正是由于物流企业缺少通过数据分析来对未来市场做出预判，只要看到业务增长就盲目增加运力和仓储面积，这样一来，当市场出现萎缩、业务量下滑的时候，就会产生大量的富余运力和空置仓库，进而导致物流企业的亏损。通过对大数据的分析，物流企业可以对未来市场和竞争对手的行为做出一定的预测，及时调整发展战略，避免盲目的投资行为，减少损失。

（二）帮助跨境电商物流企业增强客户的忠诚度

对物流企业而言，对顾客行为习惯进行分析，能让其在市场推广上投入、供应链投入与促销投入收益最大。在电子商务快速发展的今天，跨境电商作为一种新型的商务模式也越来越受到关注，而物流服务是影响其成功与否的关键因素之一。特别是在全球消费者复杂多变的情况下，跨境电商物流企业更加需要运用先进统计方法，对用户历史记录进行分析，以构建模型，对他们今后消费行为进行了预测，然后设计了具有前瞻性物流服务解决方案，从而实现最佳资源整合，增强与顾客配合默契程度，以免顾客流失。本文主要介绍了跨境电商物流行业中的大数据分析技术，包括基于机器学习的数据挖掘以及面向海量数据处理的数据仓库等技术。跨境电商物流企业既能利用大

数据发掘已有存量用户价值，也能够通过数据更加有效的获取新的用户。

大数据技术正革命性地改变着市场推广的游戏规则。通过推动信息交互，跨境电商物流企业可以向客户推送服务调整、价格变化，以及市场变化等信息，不断满足客户的需求变化。在互联网背景下，营销将不受时间、地点的限制，也不再仅仅是信息的单向流通。更大的不同在于，跨境电商物流企业从接触客户、吸引客户、留住客户，到管理客户、发起促销，再到最终达成销售，整个营销过程都可以通过信息交互实现，通过了解用户行为进行精准营销。

（三）提高跨境电商物流行业管理的透明度和服务质量

大数据分析以物流信息交流开放和信息共享为手段，能够让跨境电商的物流从业人员、物流机构表现较为透明，进而推动物流服务质量不断提升。通过对物流服务提供商设置的第三方数据库中的物流相关指标进行分析，可以获得不同类型客户在物流服务过程中所产生的各类绩效数据。基于所述物流服务提供商建立的运行与绩效数据集，可进行数据分析，制作可视化流程图，仪表盘等，使信息透明化。利用这种分析方法，跨境电商物流服务商可以了解自己在服务过程中所面临的问题，以便及时调整自身的战略以获得竞争优势。另外还披露了物流质量与绩效的数据，也有助于顾客更聪明地决定合作，同时，有助于跨境电商物流服务提供商整体绩效的提升，进而增强市场竞争力。

（四）可以优化跨境电商物流企业的盈利方式

通过搭建跨境电商物流产业网络平台与社区等，能生产出大量宝贵的资料，为会员提供数据，总结物流行业顾客消费记录，然后高级分析，最终促进物流需求方与物流服务提供方决策能力的提升。跨境电子商务物流企业应充分利用自身优势资源开展数据分析活动，从而更好地为客户提供方便而准确的物流服务信息。平台用户数据分析需实时更新，为了保证对用户行为的预测始终满足实际用户的需求；同时也要考虑到未来业务的拓展方向，对现有客户的需求变化做出快速响应。同时，根据对上述行为的预测，也可进行

某些市场策略的动态设计，市场扩张之快，将从跨境电商物流行业大数据中收集、在分析与发展速度的基础上，又有了进一步提高。跨境电商物流企业应该充分利用平台数据资源，制定合理有效的营销方案，从而实现快速响应客户需求的目的。跨境电商物流企业能够构建全球性客户数据库，为跨境电商物流提供精准、及时信息咨询，从而显著提升跨境电商物流企业品牌效应与盈利能力。

二、大数据下跨境电商物流服务模式创新

面对竞争激烈的国际市场，如何快速适应变化多端的国际市场环境，利用智能筛选分析技术挖掘出隐藏在海量数据中的信息价值，并借此支撑和创新业务模式，将成为跨境电商物流行业转型升级的关键所在。

（一）"大数据+物流配送方案优化"模式

大数据涵盖了许多高新技术，主要包括大数据存储、管理和大数据检索使用等技术。这些技术对跨境电商物流行业发展的各个环节都有着重要的影响。如采集信息端口的识别、定位和感知，传输信息中的移动互联网技术，以及数据的应用和开发方面，将会出现越来越多的数据中心。通过在这些环节中对大数据进行充分利用，跨境电商物流企业可以有效管理公司的员工，快速制定出高效合理的跨境物流配送方案，确定跨境物流配送的交通工具、最佳线路，并进行在途监控，从而降低跨境物流配送的成本，提高跨境物流配送的效率，给客户提供更加高效便捷的服务。

（二）"大数据+互联网供应链"模式

互联网时代背景下的跨境电商物流业是一个新型的跨国界、跨行业、跨部门、跨区域、渗透性极强的复合型产业。大数据的使用将整个供应链系统的业务和管理流程进行再改造，从而提高客户体验。大数据时代的智慧物流会有许多新的发展，但始终还是会围绕网络和流程这两个物流的基本问题展开。数据挖掘和建模对跨境电商物流企业流程的优化可以渗透到大部分环节，可以有效地提高跨境电商物流企业作业的效率，降低人力成本，提高资金的流动速度。

（三）"大数据＋物流个性化服务"模式

大数据的核心价值是服务，充分利用跨境电子商务物流的大数据，针对不同的个人提供最及时、最周到的服务。大数据使跨境电子商务物流公司能够根据每个客户的具体需求定制产品和服务，从而颠覆了现有的制造和商业模式。在大数据时代，掌握数据就等于掌握机遇。通过构建跨境电子商务物流数据应用平台，利用物联网、云计算等技术，建立数据仓库，利用数据挖掘等技术对客户信息进行有效筛选。在此基础上，跨境电子商务物流企业可以对信息进行分析、整理和分类，并与企业、仓储企业、第三方物流服务提供商等共享信息，使整个供应链能够根据动态信息快速响应客户需求，从而实现个性化服务的有针对性，真正为消费者提高客户满意度、为跨境电子商务物流企业带来新的利润增长方向。

（四）"大数据＋物流信息化"模式

跨境电子商务物流企业要实现物流信息化，最大限度地减少人为错误，提高拣货和配送的效率，降低跨境物流成本。通过基于计算机网络管理的跨境电子商务物流平台，跨境电子商务物流企业可以突破原有平台开发的局限性，整合供应链资源，细化跨境物流环节，规范跨境物流业务流程，实现跨境物流环节的高度自动化和智能化，从而节约业务运营成本，提高服务能力和水平。

第四节 跨境电商多元模式下跨境物流企业服务功能需求分析与整合优化

一、跨境电商多元模式及其对跨境物流功能的多元需求

（一）跨境电商多元模式

我国跨境电商正处于快速持续发展时期，随着行业全方位深入发展，电商模式多元化趋势日益明显。当前，跨境电子商务的主要模式包括 B2B2C、

B2C、C2C，不同模式下交易品类、批量等订单货物特征存在显著的区别。B2B2C 模式下，主要交易品类为标准化必需品，订单批量大，细分品类多，运费吸收能力与交货时速度要求低，需求稳定、易被预测；跨境电商企业通过海运或空运将货物运至国外目标市场海外仓（租赁或自建），对战略性库存进行仓储管理，再按线上交易履行订单、实施线下配送，将货物交付给个人买家。B2C 模式下，交易品类以中高价商品与奢侈品为主，订单货物价值高，需求较不稳定，批量、重量与体积较小，但运费吸收能力强、交货速度及安全要求高，一般情况下跨境电商企业通过时效性与安全性最可靠的航空快递直接交货给个人买家。C2C 模式下，主要交易品类以中低价消费品为主，订单货物价值较低、批量适中，运费吸收能力与交货速度要求相对 B2C 模式较低，呈中频需求，跨境电商个人卖家一般通过普通包裹递送服务将商品交给个人买家。SCM 模式下，主要交易品类为具有特定商业属性的专项产品，由某个重要的专门商业项目、重大节假日或体育赛事的营销活动提出确定的市场需求，订单货物以中高价值产品为主，跨境电商企业通过跨境物流企业协同管理产品供应链，将采购、生产、仓储、配送、跨境运输等各环节实行有机统筹，达到整体服务与总成本优化的目标；国内外一些研究认为 SCM 将成为未来跨境电子商务的主流模式。

（二）跨境电商多元模式对跨境物流企业服务功能的多元需求

我国跨境电商多元模式对跨境物流企业功能提出了多元需求。B2B2C 模式下，对跨境物流国际运输段的时效需求通常为 11～20 天，要求费率与运量严密对应、总体运费最小化，安全与货损赔偿须有基本保障，对跨境物流企业服务的需求功能是复合型跨境货运储配。B2C 模式下，对跨境物流的整体时效需求一般是 2～5 天，但费率高，须管控，要求提高运费经济性，费率水平及结构须适应跨境电商动态需求，对安全性要求最高，对跨境物流企业服务的需求功能是高端型跨境航空快递。C2C 模式下，对跨境物流的整体时效需求一般是 6～15 天，要求费率水平较低，保持运费经济性，具有较稳定的安全性，对跨境物流企业服务的需求功能是经济型跨境普通邮递。SCM 模式下，要求优化供应链的整体服务水平，并与总成本控制达到平衡，要求有机统筹原材料的采购管理，成品的储存与库存控制，订单的处理与跨境配送，

境外换货退货等全链活动，对跨境物流企业服务的需求功能是定制型跨境供应链管理。

二、跨境电商多元模式下跨境物流企业服务功能整合优化

（一）提升物流企业规模化与集约化水平

随着跨境电子商务的进一步发展，跨境物流企业的服务功能不再是分散的，单一的经营模式不再是可持续的。为了满足多模式跨境电子商务对跨境物流服务功能的多方面需求，物流企业必须提高自身的规模和集约化水平，通过股份制、兼并重组、合作联盟，物流企业才能做大做强，通过大规模、集约化经营，提高跨境电子商务物流服务的整合和联网水平，努力改变资源分割现状，为服务功能的整合和优化、创新服务模式打下坚实的基础。

（二）整合优化跨境物流企业服务功能

跨境物流企业在提升规模和集约化水平的基础上，努力完善物流业中分散的跨境物流服务功能，包括国际海运代理、空运代理、供应链仓储与配送、国际包裹递送、国际空运快递等一体化，然后根据跨境电子商务多元化模式的不同需求，优化和提升跨境物流功能，构建由多边跨境货物储运、经济型跨境普通邮件、高端跨境空运快递、定制跨境供应链管理等功能组成的新型服务功能体系。同时，设立统一的对外窗口或一站式服务部门，统一提供多功能的物流服务，种类繁多。跨境电子商务的商业模式和交易类别可以在新的系统中找到。同时设立统一的对外窗口或一站式服务部门，提供统一的多功能物流服务。在新的系统中，各种跨境电子商务业务模式和交易类别都可以根据需要选择相应的物流服务功能，即使是一个具有全交易类别和全业务模式的综合性跨境电子商务公司，也可以满足各种物流服务需求，解决各种物流运作问题。

（三）基于功能整合优化的跨境物流企业服务运作模式

目前，跨境物流的综合服务功能几乎涵盖了跨境电子商务的全部需求。服务体系资源集中，功能齐全，不是各种功能的直接拼凑。优化后的跨境物

流服务体系是一个多功能、集专业功能于一体、全方位、多渠道的体系，以满足跨境电子商务企业的多样化需求。基于功能整合优化的跨境物流企业服务运作模式如图 10-1 所示。

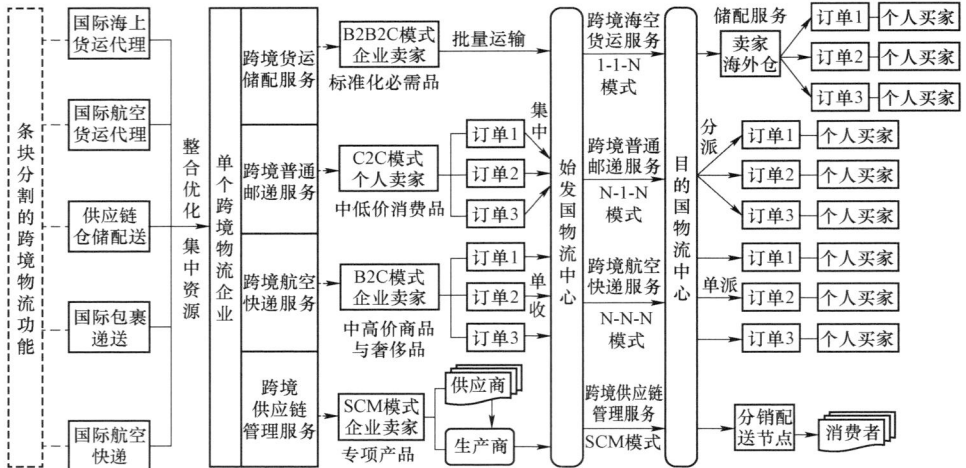

图 10-1 基于功能整合优化的跨境物流企业服务运作模式

1-1-N 模式（复合型跨境货运储配）。对应 B2B2C 跨境电商模式，因跨境物流过程中的国际运输段货物批量大，通常以海上或航空货运方式运输战略性库存和紧急性补货，时效性较但经济性高，通常实行 1-1-N 物流模式，即跨境物流企业首先从 1 个发货人处接货、然后大批量运至 1 个境外收货人（海外仓）、再按订单向 N 个收货人配送；物流企业除了负责国际运输，还为电商企业管理目标市场国的海外仓，提供仓储、库存管理和配送服务，从而显著降低电商企业自建自营海外仓的总体风险和投入成本。

N-N-N 模式（高端跨境航空快递）。与 B2C 跨境电子商务模式相比，交易类别以高价商品和奢侈品为主。由于 N-N-N 运作模式对货物的吸收能力强，对时效性要求高，跨境物流企业通常采用先接收 N 个发货人的货物，然后不收不等，以最快的速度（干线采用空运方式）直接将 N 快递货物转运到海外目的地，然后再转运到 N 个收货人，这样运输成本最高，但最快、最安全。

N-1-N 模型（经济型跨境普通邮件）。与 B2C 或 C2C 跨境电子商务模式相比，交易类别主要包括中低价消费品。由于货物的承载能力相对较弱，时间要求较低，跨境物流企业通常采用 N-1-N 运作模式，即首先从 N 个发货方接收货

物，在原始物流节点将多个订单的货物组装成一批货物，然后通过国际转运和多环节中转，交付给 N 个接收方。

SCM 模式（定制型跨境供应链管理）。主要面向某个重大的商业项目、节假日或体育赛事营销的专项产品，跨境物流企业与电商企业协同管理产品的跨境供应链，对原材料采购、产成品仓储与库存管理、国际运输、订单配送以及售后服务等全链各环节进行有机统筹。

（四）跨境物流企业服务功能整合优化的意义

整合和优化跨境物流企业的服务功能，适应各种跨境电子商务模式，建立一站式全方位服务体系，全面加强跨境物流业对跨境电子商务的服务功能支持。

提高跨国电子商务企业的物流效率，降低物流成本。一体化、优化的一站式全方位服务运作模式打破了物流服务功能划分的障碍，实现了物流资源的有机整合，显著提高了物流运作效率，同时大力鼓励跨境电子商务企业集中采购物流服务，协调物流功能的选择，统一管理物流供应商，促进跨境电子商务企业降低物流总成本。

提高跨国物流企业的综合竞争力。跨境物流企业通过整合各种服务功能和业务单元，促进物流企业之间的兼并、重组和协调，提高自身的集约化、规模化和一体化水平，提高物流运作效率；一站式服务运作模式充分满足了跨境电子商务企业现有和潜在的物流需求，有效地提高了物流企业维护老客户、开发新客户的能力，巩固和扩大了市场份额，增强了市场竞争优势和地位，从而提高了物流企业的整体竞争力。

促进跨境电子商务与跨境物流的协调统一发展。服务功能的整合和优化可以有效地提高物流服务水平，降低物流成本，帮助跨国电子商务企业提高竞争力，促进我国跨国电子商务的发展。另一方面，跨境电子商务的持续快速发展，对跨境物流服务的服务功能提出了更高、更深层次、更系统的要求，这将促进物流业的创新发展，将继续优化物流资源配置，建设更加一体化的跨境物流企业，推广和示范先进的物流服务功能和运作模式，规范跨境电子商务的物流服务标准，提高整体服务质量，促进我国跨境物流业的发展。

参考文献

［1］ 陈碎雷. 跨境电商物流管理［M］. 北京：电子工业出版社，2018.

［2］ 陈旭华，蔡吉祥，陈俏丽. 跨境电商物流理论与实务［M］. 杭州：浙江大学出版社，2020.

［3］ 陈璇，韩雪. 跨境电商物流［M］. 北京：机械工业出版社，2022.

［4］ 戴小红，吕希. 跨境电商物流实务［M］. 杭州：浙江大学出版社，2020.

［5］ 韩玲冰，胡一波. 跨境电商物流［M］. 北京：人民邮电出版社，2018.

［6］ 黄景贤，柏松. 跨境电商物流供应链创新与发展研究［M］. 北京：经济日报出版社，2022.

［7］ 李文立，逯宇铎，孙秀英. 跨境电商背景下物流风险管理研究［M］. 北京：科学出版社，2019.

［8］ 刘伟. 跨境电商物流管理［M］. 长沙：湖南师范大学出版社，2016.

［9］ 逯宇铎，陈璇，张斌，等. 跨境电商物流［M］. 北京：人民邮电出版社，2021.

［10］ 沈欣. 跨境电商与国际物流实训教程［M］. 北京：化学工业出版社，2021.

［11］ 苏杭. 跨境电商物流管理［M］. 北京：对外经济贸易大学出版社，2017.

［12］ 孙琪. 中国跨境电商保税仓物流服务质量研究［M］. 杭州：浙江大学出版社，2019.

［13］ 项捷. 跨境电商物流［M］. 北京：电子工业出版社，2019.

［14］ 熊晓亮. 跨境电商视域下国际物流服务能力研究［M］. 吉林人民出版社，2021.

［15］ 薛士龙，王玉芹. 跨境电商物流［M］. 上海：上海财经大学出版社，2020.

［16］ 羊英，陈建，吴翠红. 跨境电商物流实用教程［M］. 北京：中国海关出版社，2019.

［17］杨楚欣，任媛媛，王艳萍. 跨境电商物流运作模式研究与实践［M］. 北京：现代出版社，2018.

［18］张夏恒. 跨境电商物流协同机制与路径研究［M］. 北京：中国社会科学出版社，2020.

［19］左锋. 跨境电商物流业务操作［M］. 北京：中国人民大学出版社，2018.

［20］林益静. 跨境电商环境下国际物流模式研究［J］. 商展经济，2022（20）：100-102.

［21］薛磊，王丹，张喆. 基于供应链的传统国际货代向跨境电商物流转型［J］. 物流技术，2022，41（10）：14-18.

［22］江运芳. 新贸易形势下跨境电商物流联盟风险与防范［J］. 哈尔滨学院学报，2022，43（10）：61-65.

［23］相姗汝. 我国跨境电商物流解决方案的分析与选择［J］. 大陆桥视野，2022（10）：22-23.

［24］刘傲宇. 跨境电商物流综合服务体系构建研究［J］. 中国储运，2022（10）：101-102.

［25］刘晓晴. 跨境电商物流模式创新与发展趋势［J］. 中国储运，2022（10）：107-108.

［26］昝金淼. 跨境电子商务物流模式创新与发展趋势［J］. 商场现代化，2022（17）：34-36.

［27］乔巍，郭钰，姜涛. 我国与"一带一路"沿线国家跨境电商物流的协作发展［J］. 老字号品牌营销，2022（17）：87-89.

［28］袁昉. 跨境电商物流发展问题与对策分析［J］. 现代商业，2022（24）：60-62.

［29］陈果. 全球化背景下跨境电商物流模式分析及优化［J］. 物流科技，2022，45（10）：16-20.

［30］张翔. 基于多元化运营模式的跨境电商物流服务体系构建研究［J］. 中国市场，2022（20）：173-175.

［31］邹宇飞. 跨境电商物流渠道选择与发展分析研究［J］. 中国物流与采购，2022（14）：79-80.

［32］肖晓. 我国跨境电商物流发展中存在的问题及策略分析［J］. 中国储运，

2022（07）：164-165.

［33］ 史红月，郭燕，聂珍珍.跨境电商物流供应链优化探究［J］.边疆经济与文化，2022（06）：12-15.

［34］ 张立平.基于供应链视角的跨境电商物流困境与创新路径研究［J］.中国商论，2022（11）：13-15.